惠利文化与 学校发展

刘伟龙　◎著

华东师范大学出版社
·上海·

图书在版编目（CIP）数据

惠利文化与学校发展 / 刘伟龙著. —上海：华东
师范大学出版社，2022
ISBN 978 - 7 - 5760 - 2444 - 9

Ⅰ. ①惠… Ⅱ. ①刘… Ⅲ. ①校园文化–建设–研究
Ⅳ. ①G47

中国版本图书馆 CIP 数据核字（2022）第 030104 号

惠利文化与学校发展

著　　者　刘伟龙
责任编辑　彭呈军
特约审读　单敏月
责任校对　樊　慧　时东明
装帧设计　徐　兵　董水林

出版发行　华东师范大学出版社
社　　址　上海市中山北路 3663 号　邮编 200062
网　　址　www.ecnupress.com.cn
电　　话　021 - 60821666　行政传真 021 - 62572105
客服电话　021 - 62865537　门市（邮购）电话 021 - 62869887
地　　址　上海市中山北路 3663 号华东师范大学校内先锋路口
网　　店　http://hdsdcbs.tmall.com

印 刷 者　浙江临安曙光印务有限公司
开　　本　787×1092　16 开
印　　张　16.25
字　　数　198 千字
版　　次　2022 年 4 月第 1 版
印　　次　2022 年 4 月第 1 次
书　　号　ISBN 978 - 7 - 5760 - 2444 - 9
定　　价　58.00 元

出 版 人　王　焰

（如发现本版图书有印订质量问题，请寄回本社客服中心调换或电话 021 - 62865537 联系）

文化管理，学校管理的最高境界

张　曦

　　一个月前，伟龙校长给我送来一本厚厚的书稿《惠利文化与学校发展》，嘱我写上几句。很荣幸在书稿出版之前就能拜读，但对于能否交出一篇令人满意的作业，心中无底，因而拖欠一月有余方才提笔。好在笔者曾在长期的学校管理实践中，对于文化育人、文化管理尤感兴趣，也有过一些探索，在粗略拜读伟龙大作的基础上，逐渐形成了本文的思路，就当是写一篇学习体会吧。

　　这是伟龙校长的第二本著作，与前一部《牵手德国》相比，本书完全体现了他个人对教育的综合思考及丰富的办学实践。本书充满哲理，颇有深度，案例丰满，不乏创新，值得众多学校管理者一读。

　　在学校管理中，我国主要有经验型管理、制度型管理、人本型管理、文化型管理等几个类型。在诸多管理类型中，笔者以为，文化管理是各种管理的最高境界。

　　文化管理的基本要求是：通过建立一种机制，使人性中的优点得到最充分的发挥，弱点得到最大限度的制约，从而使学校的可持续发展与教职工的个人需求得到最佳结合。在这样的机制下，管理者及管理制度已经不再那么重要,指导人们行为的,是那种若有若无、不即不离、弥散在学校的各个角落和各种日常工作中的东西,此即学校文化。当一所学校管理达到这样的境界时,那就可以真正实现"无为而治"的状态。

这便是伟龙校长多年追求的目标吧。

带着"基于学校文化的校本改进与整理"的课题,开启了在李惠利中学的第二次启航,这从一开始便注定了这一次启航,有了不一样的高度和宽度。经过五年的探索和实践,又逐渐挖掘了深度,增加了厚度,可以说,"惠利文化",已经浸润在校园的每一个角落,成为每一个惠利人共同享受的精神财富。

一、文化设计要从顶层做起,凝炼出学校的魂

富有传奇经历的"打工女皇"吴士宏在上世纪末出版的《逆风飞扬》中,就曾预言:"在21世纪,谁拥有文化优势,谁就能把握主动权,在激烈竞争中立于不败之地。"这两年,在新冠疫情肆虐全球的时候,中西文化就显示出来完全不一样的结果。因此,对一所学校来说,营造一种先进的、科学的、接地气的学校文化,可能是比增添几样现代化设备、制定几个规章制度更为重要的,可以让学校在未来的竞争中掌握主动权的一项顶级工程。

基于学校文化的高度重要性,伟龙校长从一开始便把"做好顶层设计,搭建好文化框架,凸显文化内涵,统领学校发展"作为基于学校文化的校本改进方略中最重要的一环,确实抓住了学校管理的牛鼻子。

二、文化生长需要在继承的基础上逐步发展

在伟龙校长的书稿中,对于学校历史文化的传承赋予了浓墨重彩,这点尤其值得众多年轻校长们学习。无论是学校管理本身,还是学校文化建设,

都是在一个特定的环境下开展的。这个环境不是你到了以后才形成的,而是有数十年乃至上百年的历史,是无数人在漫长的历史长河中共同营造出来的一个文化家园。

对于李惠利中学来说,这个问题显得尤为重要。因此,把学校文化凝炼为"惠利"文化,既有文字上的巧妙天成,更是历史文化的记录和传承。同时,在伟龙校长的管理思维中,用"改进",而不是"改造",也体现了他作为一名新校长的成熟与智慧,实属不易。比起某些人上马伊始便开始大刀阔斧和另起炉灶,更容易为学校广大师生员工接受。

三、文化建设需要有设计感

一所有文化的学校(当下,并非所有学校都是有文化的),既要有精神层面上的系统的文字表达(如李惠利中学的"惠润每一位学生,利泽每一个梦想"),也要有物质层面上的标识物的体现,如学校建筑与收藏品便是这种文化的象征,教师办公室与教室的布置方式也能体现学校的核心价值观。当某种文化一旦成为师生共识,还要参照企业进行 CIS 整体形象设计(包括 MI:理念识别系统;BI:行为识别系统;VI:视觉识别系统)。从文字、色彩、字体、标志物等全方位进行统一设计。这样做的好处是:对内,获取员工的认同感、归属感,增强学校的凝聚力;对外,树立学校整体形象,实现资源整合,有控制地将学校文化传达给大众。通过富有设计感的视觉符号,不断地强化受众的意识,从而获得社会认同。

四、文化和谐需要有个性化

《左传》对和谐的解读是:"和",如五味的调和;"谐",是八音的谐调。一定要有油、盐、酱、醋、糖各种不同的材料才能调和滋味;一定要有高下、长短、急徐各种不同的声调才能使乐曲和谐。文化管理，是非常注重和谐的，既有人与人之间的和谐，也有人与物、人与自然的和谐。

所以，在学校文化建设中，保持个人的自由度、特殊性、独立性是和谐的必要条件，而在此前提下建立起来的，具有学校个性的学校制度和共同规则（包括无形的约定俗成的做法），才是学校文化可以传承的充分条件。这里的"个性"有两层意思，一是保持个人的独立性，二是形成学校的独特性。

总而言之，我们希望每一所学校，在其核心价值观的统领下，扎实打好各项基础，通过学校文化那只无形的手，调节着全体师生员工的行为方式及学校整体运行方式，各司其职，各尽所能，发挥出最大的效率。并在它潜移默化的影响之下，让广大教职工自觉形成"开拓进取，敬业爱岗"的良好文化氛围。

最后，我想说，人是需要有点理想、有点精神，需要一点热情、一点激情的。综上所述，理想可以通过文化来激励，精神可以通过文化来培育，热情可以通过文化来点燃，激情也可以通过文化来点燃。如果学校的大多数人都能自觉融入到学校文化中去，对自己的事业充满希望，充满激情，那就是我们学校发展取之不尽的动力。

（张曦，浙江省青少年科技教育协会副理事长，宁波市青少年科技教育协会理事长）

目　录

第一部分　惠利文化设计

第二部分　惠利文化实践

第一部分 惠利文化设计

　　文化是社会共同的经验的累积,是"依赖象征体系和个人的记忆而维护的社会共同经验"[1],学校文化润物细无声般地弥散在校园的各个角落和各项工作之中,自由生成并发展,但有时一些文化漫无目的的生长并不利于学校发展。所以,要想让文化发挥聚合和激励的作用,必须要对原生态的文化进行因势利导的改造和建构。一方面,充分考量学校发展与文化的关系,以及遇到的校本问题;另一方面,借助某些理论框架,针对这些问题,建构适合学校发展的文化建设框架。在本书的第一部分,我主要从问题分析与三维文化框架建构两方面进行探讨。

1　费孝通.乡土中国[M].北京:北京大学出版社,2012:31

第一章 研究背景与问题分析

　　2016 年 8 月，我重新回到李惠利中学主持工作，这是我继 1999 年首次在李惠利中学工作七年之后的回归。于我而言，首次工作，我是一名中层干部，而回归后我是学校一把手，意义格外不同。为了全面做好李惠利中学的工作，我告诉自己一定要格外努力、用心。秉承这样的初心，几年来，我们以学校文化为抓手，在"基于学校文化的校本改进与整理"这一总课题的指引下，确立了以"惠利"文化统领学校教育事业发展的基本策略，一步一个台阶往前走，取得了一定的成绩。回顾这段难忘的岁月，我认为有必要从学校文化这个角度，对统领学校管理工作的理据予以说明。

第一节　让校本改进有真正发生的可能

　　毋庸讳言，"校本改进"已经成为当今教育界的常规操作和共同期待。从 20 世纪 70 年代末 80 年代初开始，经济合作与发展组织（OECD）提出"国际校本改进计划"（International School Improvement Project，ISIP）后，以"校本改进"（school improvement）为主题的教育改革逐渐成为世界各国教育发展与研究的重要课题。在这一国际大背景的影响下，校本改进也成为我国众多学校赖以生存和发展的生命线。"没有学校层面的变革，就不可能有真正的教育变革。"[1]这已成为教育界的共识。而对学校管理者而言,择定怎样的角度统领校本改进工作,如何保障校本改进质量,成为需要面对的议题。回应时代赋予的使命,让李惠利中学走上稳步发展的快车道,保障学校发展的品质,是我再次来到李惠利中学后一直思考的,也是我们学校明确提出"基于学校文化的校本改进"这一总课题的起点。

一、校本改进成为时代的主题

明晰当前学校管理发展的脉络,进而找准当下学校管理继续发展的风口,为李惠利中学进一步发展定锚,这是我回到李惠利中学首先需要做的事情。基于多年的工作经验,综合众人之力,我们逐渐认识到:处在一个变革的时代,校本改进应成为时代的主题。

校本改进成为一个较为清晰的领域或者概念体系源于 20 世纪 70 年代后期,OECD 的"国际校本改进计划"。在"国际校本改进计划"里,OECD将校本改进定义为"一种系统而持续的努力,旨在改变校内的学习环境和其他相关的内部环境,最终能让学校更有效地实现教育目的"。

回顾国际层面校本改进的演进史,可以发现,校本改进的研究和实践在40 多年来不断深入,大体经历了这样几个阶段。

第一个阶段可谓"关注"阶段,时间约为 20 世纪 70 年代末到 80 年代末。在这个阶段,校本改进作为一个独立的研究领域开始引起人们的关注。这一阶段关注的焦点在于"学校要不要改进""学校为什么要改进""如何依靠外部力量实现校本改进"这三个议题上。需要指出的是,在这一阶段,学校内部因素,比如学校教师对学校的认同,尚未纳入校本改进的视野。

---

1 卞松泉,胡惠闵.为学生开设这样的课程[M].上海:华东师范大学出版社,2009,代总序.

第二阶段可谓"效能"阶段,时间大约为 20 世纪 80 年代末至 90 年代中后期。在这一阶段,人们不再满足于讨论学校要不要改进之类的问题,而重点关注"改进什么",以及"如何改进"的议题。这一阶段的状况在埃德蒙兹(Edmonds,R.)等美国学者的研究中最为典型。他们主要挑选一些公认的好学校,基于调研总结出了这些学校之所以好的典型特征原因,并提出了"学校效能"(school effectiveness)的概念。概而言之,他们把校本改进和学校效能相连,企望通过校本改进提升学校效能,掀起了校本改进运动的新一轮浪潮。正因为如此,在这个阶段,校本管理变革、高效能学校运动、策略管理、学校发展计划等不断涌现。

第三阶段可谓"持续改进"阶段,时间为 20 世纪 90 年代中后期至今。这一时期研究者认识到校本改进应该"内""外"并重。所谓"外",就是影响校本改进的外部因素;所谓"内",就是学校内部组织系统的改进力量。人们逐渐认识到,只有"内""外"并举才能实现改进,既借助外部力量,又仰仗内部力量,关注学校内部课程的编排、教学内容的选择、组织形式的调整、教学方法的灵活运用以及校长和教师的角色认同、学生和家长的参与管理等,试图通过这些要素的重新配置,彻底改变传统的教育结构,建设一个富有活力的自主持续改进的学校。[1]

纵观校本改进的这几个发展阶段,我们可以从中得到以下几点重要启示:首先,校本改进是学校管理永恒的主题。学校是开放的社会系统组织,只有不断的变革与发展,才能与时俱进,才有出路。其次,需要对校本改进进行通盘思考。从校本改进的演变历程可知,单方面的校本改进可能会给学校带来一定的变化,但很难给学校带来整体而持续的改变。因此,只有对

---

[1]　张熙.校本改进:我们该怎么走[J].人民教育,2015(8):34 - 37.

校本改进进行通盘思考，才能让真正的校本改进发生。另外，质量是校本改进的生命线，而今尤甚。当前我国教育进入了新的历史发展阶段，即由规模扩张发展到质量提升的阶段，对学校质量和内涵发展提出了更高要求，学校更加需要系统的、科学的、有深度的改进。

"旧事总能赋予现时的人或事以意义，乃至于能够昭示更美好的未来。"[1]在我们看来，这几点启示是所有校本改进应该遵循的方向和路径，也是李惠利中学校本改进所必须秉承的基本原则。

二、如何让校本改进真正的发生

校本改进是一个持续、复杂的变革过程。历史地看，自 20 世纪 70 年代末开始，各种校本改进的实践从未停止过，但是校本改进的低效性是长期困扰着校本改进者的一个重要问题。学校的各种改进举措似乎没有达到人们的预期，呈现出"改而不进"的特征。正像有学者感叹的一样：人类可以在不长的时间里就实现登月计划，却无法在很长的时间里改变一所学校。[2] 校本改进真的有这么难吗？是什么原因导致了校本改进的困难？到底怎样的改进才能够产生实际的效果。基于对校本改进的历史演进以及当前校本改进所暴露的问题的研究，我们认为真正的校本改进包含着"校本""系统"与"持续"三个重要的指标，而为了让这三个指标得到落实，学校文化则成为突破的关键。

（一）真正的校本改进是一种基于校本的改进

"校本"是校本改进的第一个关键词。我们可以发现一种比较吊诡的现

1　王建军."新教学"：一个课程改革的故事及其启示[J].全球教育展望，2007(3)：31 - 36.
2　柯政.学校变革困难的新制度主义解释[J].北京大学教育评论，2007(1)：42 - 54.

象：很多时候,学校并不是改进的主体,而是改进的对象。常见的所谓校本改进都有一套约定俗成的模式：行政部门出台关于学校"规范化""现代化"等相关文件和政策,校长作为"桥梁"发挥上传下达的作用,带领教师领会这些文件和政策精神,然后动员落实。正因为如此,很多时候校本改进往往以"学校信息化建设""学校特色建设"的方式出现,这些一般都与行政部门的政策要求挂钩。这种校本改进对上级管理部门负责,改进的结果由上级管理部门评估。因此,很多学校放弃了主动思考,丧失了积极行动。这种改进忽视了学校的文化传统、现实情况及具体存在的问题,使得同一个地区"千校一面"的状况比比皆是,因此校本改进往往无法深入开展,取得实效。[1] 也正因为如此,学校教师似乎常常成为新一轮改进的阻力,需要被动员、被培训,学生总是被实验、被发展,家长总是被要求、被配合。

即便只是简单参观几所学校,我们也能很快发现并体会各个学校之间的差异：有的学校,学生、教师和校长充满热情与自信,并在合作中得到乐趣；而有的学校,教师显然不太满意学校现状,校长缺乏领导力并力图用他的权威来掩盖自己的不称职；甚至还有这样的学校,这里面没有欢乐,也没有绝望,整个学校充斥着空洞的仪式,并以一种奇怪的方式给人一种"不真实"感,等等。没有两所学校是一模一样的,因而千校一面的学校改革注定是失败的,校本改进的关键是内部改进力量的激发和改进能力的构建。只有立足校本的学校改革,让师生成为校本改进的生力军,校本改进才能成为一场激动人心的运动,校本改进也才会产生源源不断的活力。"无论外在的力量如何强力地渗透到学校的内部活动之中,如果没有学校的自我努力和变革,学校的改进与发展、学校的教育目标、学生的全面和谐发展等都难以

1　　张爽.重新认识学校 推动校本改进[J].中国教育学刊,2006(8)：26-28.

实现。一切旨在改进学校的外部力量，只有通过学校内部的自我努力，才能够转化为促进学校发展的实际能量。"[1]

（二）真正的校本改进是一种系统的改进

"系统"是校本改进的第二个关键词，校本改进是对学校组织的全面变革。这就意味着，校本改进涉及学校办学目标、战略规划、组织架构、管理模式、课程体系、教学模式、教师专业发展、公共关系、资源管理等诸多方面。因此，在广度上，校本改进不是局部变革，而是学校整体的系统改革。"学校各项工作的相互关联性，决定了局部变革很难成功和持续。"[1]简言之，校本改进是一项复杂的系统工程，将学校整体作为改进的单元是一条重要的出路。正因为如此，经合组织国际校本改进计划对"校本改进"做了影响深远的界定："校本改进是一种系统的、持续的努力，其目的是在一所或更多的学校中变革学习条件及其它相关的内部条件，其最终目的是更有效地实现教育目标。"[2]

现实中，人们对校本改进的反思，一个重要方向是校本改进视角多元化，但缺少整体性。有的基于补差的视角，主张从学校薄弱的环节发力，达到实现校本改进的目的；有的基于要素的视角，强调从学校管理的重要因素出发，比如进一步深化课程改革，进一步加强管理升级，进一步提升教师队伍素质等因素；有的基于执行的视角，认同"跟着行政指令走"的策略，学校坚决贯彻执行行政部门出台关于学校"规范化"或"现代化"等文件和政策等。我们相信，大多数校本改进初始，都有"议一议"的环节，但缺乏科学的

---

1   褚宏启.基于校本改进的学校自我评估[J].教育发展研究,2009(24)：47-53.
2   波·达林.理论与战略：国际视野中的学校发展[M].范国睿译.北京：教育科学出版社,2002：100.

论证与明确的思路,凭经验、凭感觉进行改进的现象普遍存在。在内容办法层面,改进往往呈现点状现象,未形成结构和系统;在实施过程中,缺乏必要的监控和过程反馈,对改进取得的进展、实施的程度、遇到的问题、解决的方案未做预案,既影响了及时跟进,也导致改进缺乏深度,浮于表面。

"系统"意味着改进要考虑到内外因素。"校本改进要考虑到学校内外环境的复杂性,通过改善和优化学校组织的功能来促进学生的学习,使学校更好地完成所承担的教育责任。"[1]校本改进是一个有目的、有计划、有组织地变革学校,并使其向着理想方向发展的过程。校本改进作为变革学校的系统努力,需要考虑影响变革的各种因素,统筹规划,精心设计,认真实施,长期努力。系统意味着要重视学生的声音。"校本改进从本质上说是要构建学校和学生之间更为协调的关系,然而在校本改进领域学生的声音却经常被忽视,而且也很少给学生提供参与校本改进的机会。"[2]

(三)真正的校本改进是一种持续的改进

有关校本改进的反思,很多都指向校本改进后劲不足,持续性欠佳。实践中,很多校本改进呈现断续的、不规则的跳跃状态:往往随着课题研究的结束而终结,或者随着校长的更迭而改变方向,削弱了校本改进的效果。根据韦尔赞(Velzen,W.G.)等人的定义,校本改进是指"一种持续的努力,旨在改变校内的学习环境及其他相关因素,最终令学校能更有效地达到其教育目标"。[3] 可以说,"持续"是校本改进的第三个关键词;校本改进只有能够持续不断地发生,才是真正意义上的校本改进。校本改进是对学校组织的

1　O'Day, J. Complexity, Accountability, and School Improvement[J]. Harvard Educational Review, 2002, 72(3): 293-331.
2　卢乃桂,张佳伟. 校本改进中的学生参与问题研究[J]. 教育发展研究,2007(8): 12-15.
3　卢乃桂,张佳伟. 校本改进中的学生参与问题研究[J]. 教育发展研究,2007(8): 12-15.

持续变革,短暂的改革很难具有广度和深度,很难使改革本身保持可持续性,也很难产生持续性影响。校本改进是一种"持续"的改进,也就意味着需要通过协同努力,使得学校内部的、外部的与学生学习、教师教学相关的诸多条件和环境发生改变,其最终目的是满足包括学生提高学业成绩在内的全面发展的需要,以及教师专业发展的需要,提高学校应对变革的能力。范国睿教授也坦言,校本改进是指按照国家的教育方针、政策,中小学校在基础教育改革中发挥主体作用,不断地总结经验,发现问题,解决问题,推动学校系统不断改进的过程。[1]

(四)真正的校本改进是一种深刻的改进

与持续改进一脉相承,校本改进是对学校组织的深度变革。校本改进由浅入深,涉及学校的物质、制度、文化等不同层面,只在物质层面进行改进(如改善硬件条件、请外部机构对学校进行形象设计和外部包装等)是表层的,尽管物质条件对于学校发展非常重要。深度变革必须抵及制度层面,尤其是文化层面,能够改善师生的心智模式,深度的学校组织变革必须与建设学习型组织密切联系起来。教育的核心使命是促进人的发展,深度的学校组织变革必须围绕促进学生的全面发展和教师的专业成长展开。[2] 全面变革、深度变革、持续变革决定了校本改进的艰巨性。而影响校本改进的因素和变量又很多,这使得学校变革具有超出想象的复杂性。

三、学校文化成为学校改革的重要突破

如上所述,真正的校本改进既要基于学校实际情况,又要从系统入手,

1　范国睿.多维视野中的学校及其变革[J].教育发展研究,2004(10):37-42.
2　褚宏启.基于校本改进的学校自我评估[J].教育发展研究,2009(24):47-53.

并且还要让改进持续、深刻地发生,这就需要我们从学校文化的角度审视校本改进。"文化是一种'粘合剂'或'离散剂'。当文化成熟了,就可能有一种群体共享的愿景或价值追求将大家紧紧地粘合在一起,聚合成一个共同体;共享的愿景、共享的价值观和共同的做事方式构成了学校组织的文化整体,成为一种'合力剂',引领学校组织朝着组织成员所期待的方向发展。"[1] 与此同时,学校是传播知识和技能的场所,同样也具有传承文化、选择文化、塑造文化的功能。学校文化是学校全体成员在教育教学和管理实践中逐渐积累和共同创造生成的价值观念、思维模式、行为方式及其活动结果,以具有特色的学校精神、学校制度和物质形态为表现方式,影响或制约着学校全体成员的思想和行为。更重要的是,学校文化要素彼此依存,并以自己的方式向我们诠释学校文化主线在自己身上所发生的嬗变。"学校文化是影响学校生存和引领学校发展的硬实力与软实力的总和。学校文化的形成可以归结为内部原因和外部原因。内部原因包括学校的历史、传统、现实、领导体制、管理模式、思维模式、实践规范等;外部原因包括政治经济制度、教育体制、教育政策等。"[2] 可以说,学校文化是一所学校的灵魂,它会激励学校向着可持续、具有丰富内涵的高层次发展,学校文化建设是学校改进的根本。因此,从学校文化角度切入,创建优秀的学校文化对于强化学校内涵建设,打造办学特色,提升办学水平,都具有重要的意义。这就提醒我们,在进行校本改进的过程中,需要深入地挖掘学校文化,找到学校文化的基因,依托学校的传承和发展,考虑到学校的现实情况,并科学地认知学校文化,只有这样挖掘和认知学校文化,重视学校文化对学校资源的引导和整合,才能使所

---

1 谢翌,丁福军.寻根、聚魂与布道:基于"听见"的学校文化建设[J].教育发展研究,2018(4):71-78.
2 张俊华.影响校本改进、提升与发展的领导文化[J].教育发展研究,2008(22):72-76.

构建的学校文化切实覆盖学校工作的方方面面,让校本改进真正发生。

关于这一点,我自己有特别深刻的体会。多年的学校管理工作,让我深切地认识到,学校文化是一所学校的灵魂,它会激励学校向着可持续、具有丰富内涵的高层次方向发展。它能塑造出一种浸染于整个校园的精神风貌,极大地影响学校每一个成员的价值选择、人格塑造、思维方式、学术氛围、道德情操以及行为习惯。可以说,文化才是一所学校综合实力的重要标志。当一所学校形成了一种优质的文化氛围时,这所学校就有了可持续发展的内在动力。基于这样的认识,我坚信唯有优秀的学校文化才能孕育出优秀的学校,创建优秀的学校文化对于强化学校内涵建设,打造办学特色,提升办学水平具有重要的意义。反之,没有先进的学校文化引领,很难打造出特色品牌学校。当今学校的发展面临的不是物质的危机,而是文化力、创新力、特别是价值观的危机。一名关注学校可持续发展的校长,不应仅仅关注一般性竞争优势,而应重视学校文化对学校资源的引导和整合,坚定且精心地打造学校文化。学校是塑造灵魂的地方,唯有文化才能体现学校的高度与深度。"说得准""说得精""说得美""富有个性"才能衍生出一股强大的生命力,才能让学校赢得广泛关注,实现可持续发展。

在学校管理中,我也特别认同"文化统领学校发展"这一观念而不是"文化引领学校发展"这一说法。我对学校文化的理解是,学校文化不仅具有引领性,更具有统领性。学校文化的引领,往往指向精神层面,并不能涵盖学校工作的方方面面,这会让身处其中的师生感到学校文化不够接地气,与自己关系不大;因此我一直强调,学校文化要虚事实做。于是,我想到通过学校文化来统领学校的发展,因为只有统领,才能覆盖学校方方面面的工作,才能让全体师生在工作和学习中感知、感悟并落实学校文化。基于此,为了推行"基于学校文化的校本改进"这一总课题,我们首先需要建构一种虚实结合的学校文化框架,这也正是本课题的重要突破。

第二节　李惠利中学内涵发展的必由之路

从学校文化的角度寻找学校改进之道,不能摒弃学校自身的历史发展。学校文化改进只有契合了自身发展的历史,且让学校文化与学校发展形成"共振",才能让校本改进具有持久的生命力。

构成学校办学条件的基本因素主要包括物质设施、师资水平、课程教学、学校管理等方面。从这个角度出发,校本改进从周期上而言,学校物质设施的改进周期比较短,只要资金到位,资源配置得当,学校面貌就能够在比较短的时间内焕然一新,而师资水平、课程教学、内部管理这些软环境方面的改进周期则比较长,很难通过短期的资源投入获得快速提升,而需要付出持续不断的努力。有学者认为条件差的学校通过利用各种资源促进学校提升叫做学校发展,而条件好的学校通过整合各种资源促进学校提升才叫校本改进。也有学者从学校功能演变的角度看校本改进,认为校本改进就是在社会要求和个体期望之间寻求平衡,等等。基于此,在发展次序上,校本改进可以划分为两个基本的阶段:从薄弱走向优质阶段和从优质走向卓越阶段。"在不同的发展阶段,校本改进的侧重点是不同的,包括学校发展规划的设计、学校领导的关注中心、教学与德育质量进步的测量、学校公共关系、教师团队建设、学校文化建设等方面,都需要依据学校发展的实际情况、内外部环境、学校领导力与执行力等采取不同的策略。"[1]李惠利中学创办于 1990 年,至今已届三十春秋。学校办学之初,恰逢国家改革开放的大

1　徐志勇.专业共生的协作伙伴:教育研究者在校本改进中的角色分析[J].教育理论与实践,2009(11):40 - 43.

好时光,办学事业得以迅猛发展。如今,学校已经成为浙江省一级普通高中特色示范学校,先后成立了艺术中心与中澳合作中心,且成绩斐然,成为颇具实力、令人瞩目的普教明星。在这三十年的发展历程中,学校也走上了一条内涵发展之路。

一、教学质量:基于校训的学校发展

建校之初,学校捐资助建人李惠利先生就提出了"勤、俭、诚、实"的校训,这四字校训为学校的发展奠定了基石。李惠利先生的家训就是"勤、俭、诚、实"。作为"宁波帮"的杰出代表,他们在经商的过程中,会将有关经商的一些重要感悟保存并传递下来,有的甚至上升到家训的层面。可以说,作为家训,"勤、俭、诚、实"是李惠利先生将纵横商场 60 余年的成功经验提炼为治家的训则,是希望自己的家人能够恪守此家训,从而使家风淳朴,福运绵延。先生以"勤、俭、诚、实"作为学校的校训,就是希望以此勉励学校全体师生,希望全体师生能够勤奋地工作与学习,保持节俭朴素的生活作风,以诚待人,并脚踏实地地开创自己的事业、学业;同时,殷切希望学校不断探索改革,既要有厚实的民族文化底蕴,又要有开阔的国际视野,追求一流的成绩。这一校训自提出后就沿用至今,并集中体现在李惠利中学"严谨勤奋"的教风学风、"节俭朴素"的生活作风、"真诚进取"的思想作风、"实事求是"的工作作风上。

在"勤、俭、诚、实"这一校训的指引下,时任李惠利中学校长的董五川先生提炼出与校训相匹配的"四风":教风学风严谨勤奋;生活作风节俭朴素;思想作风真诚进取;工作作风实事求是,意在抓教学质量。当时,学校的育人目标就是将学生培养成为具备"勤、俭、诚、实"特质的学生。即使学生毕业后进入了社会,我们也希望在他们身上看到"勤俭诚实"、"共惠互利"的品质。在办学实践中,学校在不断争取改善办学物质条件的同时,迫切希望通过内部软环境的建设来提高办学质量。改善办学条件需要政府政策的支持,而内部软环境的建设则更多地需要专业力量的支持,学校希望通过教育研究者的专业引领,帮助学校诊断当下发展阶段中存在的问题,提出现实可行的改进目标和改进策略,并对校本改进的实施进程进行监控和总结。

二、一体两翼:让教育适合学生

随着学校教学质量不断提升,学校开始关注特色发展,期望学校在稳步保持办学品质的同时,更多关注到每一个学生。2002 年起李惠利中学举办的高中艺术班和 2003 年起举办的中澳高中课程合作班,使分层分类教的办学特色开始凸显。

学校的艺术班至今已经走过了 19 个年头,已有 16 届毕业生,这些学生当年的中考成绩虽然比学校普高学生的中考成绩低 30 分以上,但经过三年艺术班的学习,有不少同学考入了中央音乐学院、中国音乐学院、上海音乐学院、西安音乐学院等重点音乐院校,也有不少同学考入了北京师范大学、华东师范大学、华中师范大学等著名师范大学,更有同学考入了复旦大学、浙江大学、厦门大学等一流综合性大学,学校的艺术教育成就了一大批学生的艺术梦、名校梦。学校也由此获得了一系列荣誉,多次获得宁波市、浙江省各类艺术比赛一等奖,学校舞蹈团连续三届代表浙江省参加全国中小学艺术展演比赛获得一等奖,音乐学科成为浙江省两所学科基地之一,入选浙江省首批艺术特色学校,作为浙江省唯一一所学校入选全国戏剧研究会成员学校,作为宁波市唯一一所普通高中入选浙江省首批艺术实验学校。

随着经济全球化发展,教育国际化日益成为教育改革和发展的热点话题,《国家中长期改革和发展规划纲要(2010—2020 年)》明确指出要提高我国教育国际化水平,适应国家经济社会对外开放的要求,培养大批具有国际视野、通晓国际规则、能够参与国际事务和国际竞争的国际化人才。国际化人才的产生,不仅仅是高等教育的责任,基础教育国际化的奠基作用也同样不可忽视。但现实是基础教育阶段的理念、方法和内容目前还不能适应国际化的需求,这成为制约国际化人才培养的瓶颈,但同时也给那些有准备的学校插上教育腾飞的翅膀。2003 年,经省市教育主管部门批准,学校与首所获得澳大利亚维多利亚教育课程评估署授权、在中国开展 VCE 课程合作项目的澳大利亚名校黑利伯瑞学校合作,创办中澳高中课程合作班,由此诞生了浙江省普高第一个"双学籍·双课程·双语教学"中外合作办学项目。十多年来,李惠利中学不断融合中澳双方高中的特质,形成鲜明的中澳高中课程合作班办学特色和高效的人才培养机制。如今,学校的中澳高中课程合作班已成为目前国内最大的澳大利亚高中教育文凭(VCE)课程学校之一,也是省市教育主管部门首推的高中中外合作办学项目。学校在"以我为主、洋为中用、分步推进、以点带面"的方针指引下,整体提升教育国际化的内涵,已有近 800 名当年中考成绩低于学校普高分数线几十分的学生进入中澳班学习,经过三年的中澳班学习,多数学生进入墨尔本大学等被誉为澳洲"常青藤盟校"的八大名校,成就了这些孩子们的出国梦、名校梦。同时,学校也通过这个平台,打通了普高和中澳高中课程合作班的通道。在高一年级结束前,普高的孩子如果有留学国外的意愿,可以转入中澳高中课程合作班就读,通过一年半的中澳高中课程合作班强化,往往能成功升入澳洲或其他英联邦国家的名校。每年都会有几名学生从普高转入中澳高中课程合作班,2017 年一名从普高转入中澳高中课程合作班的学生最后考入了世界排名 22 名的加拿大多伦多大学。当然,中澳高中课程合作班的学生也可以根据自己的意愿参加国内的高考,升入国内的大学。中澳高中课程合作班的学生不仅可以申请澳大利亚的大学,也可以申请其他国家的大学。

可以说,高中艺术班和中澳高中课程合作班的先后推行,国际合作和艺术教育双星辉映,高品质地圆了一大批学生的"出国梦""艺术梦",学校在教育多样化、个性化道路上迈开了坚实的步伐,学校分层分类教育教学的特点开始凸显。2006年,学校被评为省一级重点中学。2009年,学校在反思、比较普通高中教育和艺术、国际类教育过程中,在秉承"勤、俭、诚、实"这一校训的基础上,明确提出了"让教育适合学生"的办学理念。

三、内涵发展:让学生成就梦想

2016年,在总结学校办学历史的基础上,学校又提出了"让学生成就梦想"的思想。结合李惠利先生名字中"惠""利"两字所蕴含的"仁爱"与"收获"的寓意,最终形成"惠润每一位学生,利泽每一个梦想"的文化理念,"惠利"文化呼之欲出。学校"惠利"文化,既寓意于对宁波帮著名爱国人士李惠利先生的纪念,更有对"惠""利"两字地深入解读,成为学校文化的顶层设计。

近年来,在"让教育适合学生,让学生成就梦想"的办学理念指导下,学校与浙师大合作开展"自主课堂"教学模式改革,积极推进学校课程建设,促进了教育质量的显著提升。与北师大合作建立了学生发展指导制度,帮助学生科学规划人生。发展至今,学校的"惠利"文化,已凝聚为"让教育适合学生,让学生成就梦想"的教育理念,以包括"惠利"课程体系和"惠利"育人模式在内的"惠利教育"为抓手,实现学校"惠润每一位学生,利泽每一个梦想"的教育理想。

自建校以来,逐渐形成了一系列学校文化活动:

1. "宁波帮精神"学习系列活动。学校定期开展宁波帮文化教育、校史教育等活动,教育学生学习宁波帮精神,引导学生爱乡爱校。

2. 多样社团活动。"李中好声音""校园奥斯卡"等形式在校园文化艺术节中展现了学生的个性特征,与"英语周""科技周""成人礼""海外夏令营"等活动相呼应,共同组成了反映李惠利中学文化特色的系列活动。

3. 职业生涯规划活动。为了培育学生社会主义现代公民素养,学校引进北京师范大学专家协作团队,培养和推出一批具有专业水平的学生生涯发展导师,实施职业规划系列活动,帮助学生思考和选择学业发展规划。

4. 爱国主义教育活动。学校以重大历史事件为契机,通过学雷锋日、五四青年节、国庆节等特殊日子,确定活动主题,组织知识竞赛、演讲比赛、征文比赛、文艺汇演等系列活动,使爱国主义教育系统化、常态化,激发学生的爱国热情。

我校的顶层设计近几年来不断得到完善,总结提炼了学校的办学愿景:办一所"惠心利人"的学校,提出了以"惠利教育"为核心的教育理念,确立了以"惠利"文化统领学校教育事业发展的总体策略,明确了通过"惠利"育人模式和"惠利"课程体系来实现"惠利"教育理想的具体路径。创建了"文化育人、课程育人、环境育人、活动育人、评价育人、队伍育人"六位一体的德育体系构建途径,开辟了惠利德育、惠利教学、惠利管理、惠利党团建、惠利后勤等具体实施通道。搭建了诸如"惠利"学堂、"惠利"讲堂、"惠利"课堂、"惠利"特色课程群、"惠利"故事、"惠利"小院士、"惠利"使者、"惠利网院"等具体实施平台。我校不断完善"惠利"教育的顶层设计,以比较全面、比较系统、比较符合学校实际、比较具有可操作性、比较有学校个性的特点而独树一帜。

学校从创建到现在三十年的办学历程,始终一步一个脚印,从最初追求教学质量,到关注每一个学生,再到教学质量与特色发展并重,追求文化立校,基于学校文化的校本改进成为当前学校发展历程中必然的选择。

第三节　作为学校主要管理者的个人诉求

毋庸讳言,在学校改进方面,无一例外都少不了一个强有力的推动者,而这个推动者往往是学校的校长。对我们学校而言,主张"基于学校文化的校本改进",自然离不开校长的筹划和参与。"学校文化的实质是内部自然生成的,文化的营造主要取决于校长的引领作用和影响力,校长的文化品格和精神追求决定学校的领导文化,领导文化引领学校文化的生成和发展,这是构建学校领导文化的基础。"[1]多年的经验让我意识到,校长在校本改进中的主要工作,不仅是引入新理念和新思想,更重要的是通过恰当的制度设计使这些新观念和新思想真正进入实践环节,成为教师日常教育教学活动中的支配性观念和思想。校长的关键作用在于,确立新理念与制度的相互适应关系以及制度与个体行为的相互适应关系。不建立起双重相互适应关系,校本改进就可能永远停留在理念的层面而难以有实际的行动。"任何一所学校都受制于已有的学校内部结构关系,它影响到学校的教育教学质量和水平,从而决定着学校的办学水平。学校要发展,就必须打破这种结构关系,建构一种全新的内部结构关系。"[2]正是因为有强有力的校长的存在,各种新的教育理念在恰当的制度保障下才得以固化为日常的教育行动;新的教学关系,包括课堂时空关系的变化、课堂师生关系等,才成为学校主导性的关系。因此,合理的制度设计可以支撑学校内部结构关系变革并激发潜能。

1　张俊华.影响校本改进,提升与发展的领导文化[J].教育发展研究,2008(22)：72-76.
2　周兴国.农村校本改进问题与出路[J].中国教育学刊,2014(5)：24-27.

回到我们学校,我之所以提出并实施"基于学校文化的校本改进",与我本人的成长经历也存在一定的关联,尤其是我的工作经历,让我对李惠利中学以及学校文化都有一份特殊的情感。

一、初次来到李惠利中学

1999 年 8 月,我从宁波市效实中学,第一次以普通教师的身份来到李惠利中学。这一次工作持续到 2006 年 8 月,整整 7 个年头。在这段时期里,我从一名普通的地理老师,先后担任人事干部、校办主任、政教主任等职务,这段经历让我受益良多,也让我对李惠利中学有了深层次的了解和浓烈的感情。

第一次来到李惠利中学工作,印象深刻的是学校的由来与校名的渊源。这所学校和其他学校不一样,是宁波帮的商人、香港实业家李惠利先生于 1990 年捐资助建的。那个时候,李惠利先生的事迹在我们学校师生之间口耳相传,他造福桑梓、惠利乡井的高贵品质深深感染了我们,李惠利先生深受我们师生尊敬和爱戴。可以说,我对李惠利中学的感情,和李惠利先生是分不开的;之所以聚焦到"惠利文化",也是深受李惠利先生影响的结果。我提出了"惠润每一位学生,利泽每一个梦想",这与李惠利先生办学之初对学校的办学要求是直接相关的。李惠利先生捐资助学的品行,其实就是"惠利文化"的内涵。

从一名普通科任老师及中层干部的视角来看,李惠利中学在文化建设上已经有了自己的烙印,有意识地将惠利思想渗透到学校工作中去,努力营造互惠互利、团结友爱的校风,这些都是我们学校文化的基因。我感受特别深刻的有以下两个方面:

一方面,学校教师对学生的关爱,特别是对每一位学生无差别的关爱,让我印象深刻。按照现在"惠利文化"的理解,就是"惠润每一位学生"。在学校校舍翻新时,由于当时的设计方案问题,行政人员所在的行政楼优先改造,而教师办公所在的办公楼则没有列入这一次改造计划。当时,学校征求老师们的意见,咨询老师们是否愿意搬到硬件条件改善过的行政楼。出乎意料的是,老师们并没有将硬件设施改造放在心上,而一直强调没有改造的办公楼与学生上课的教学楼之间的空间距离更近,可以随时留意学生的学习情况,更多关注到学生,所以宁愿"住旧房"。

另一个感受深刻的是李惠利中学的共惠互利精神。在学校工作的这段时间,我深感学校弥漫着互惠互利的氛围,领导与领导之间、领导与群众之间、群众与群众之间、师生之间那种团结互助的感觉是比较明显的。团结互助与互惠互利,实际上是我们宁波帮的精神之一,后来我把它提炼为"共惠互利"。

教师的负责、踏实,对学生的关爱,校内互惠互利的氛围,这些文化因子,也是我们最终选择"惠利文化"的依据和底气。

二、宁波三中的十年时光

因为工作调动关系,2006 年 8 月我被提拔到宁波三中(简称"三中"),一直工作到 2016 年 8 月,持续 10 年之久,先后担任副书记、副校长、书记兼副校长等职务。

三中是一所特色鲜明的学校,学校有普通教育,也有美术班、国际班(注:三中和李惠利中学有诸多相似的地方,这也是借鉴三中"和美文化"的一个理由)。我在三中工作期间,当时的校长是张曦先生。张校长是浙江省物理学科特级教师,宁波市教育名家培养对象,学科业务精干,是我尊敬的一位老领导。张校长一直致力于从文化的角度进行学校管理,强调文化是学校的灵魂,这也对我后续的学校管理工作产生了潜移默化的影响。

基于学校的办学特色,张校长明确提出了"和美文化"和"和美教育"。"美"既是与学校特色发展的美术班有关,还跟美的教育、美好的愿望有关。"和美文化"和"和美教育"提出和实践的时间,正是我在宁波三中工作的十年。作为工作上的助手,我协助张曦校长共同策划了"和美文化"整套动作,包括"和美文化"的顶层设计、"和美文化"的实践落实、"和美文化"的改进完善,等等。这一系列的工作不但潜移默化地影响到我,也为我后来提出"惠利文化"积累了一定的基础。深受张曦校长的影响,我逐渐认识到:学校是文化的集散地,人类文明在这里得到生长,又通过学生扩散出去;文化是学校的灵魂,抓住了灵魂,校本改进才有可能有持续的生命力。

三、再次回归李惠利中学

2016 年 8 月,我再次回归李惠利中学,担任学校校长,承担起学校管理的任务。《中华人民共和国义务教育法》第二十六条规定,学校实行校长负责制。所谓校长负责制是指校长是学校的法人代表,对内主持学校的全面工作,对外全权代表学校,拥有学校工作的决策权、指挥权、人事权和财务权。在很多人看来,"一个好校长就是一所好学校",这揭示了校长与学校发展之间息息相关的关系,特别是校长的个人因素更是直接影响和决定着学校的发展方向。为了让李惠利中学发展越来越好,基于我对学校的理解,以及在宁波三中受到的熏陶,我很坚定地认为,系统改进学校要以学校文化为抓手。

我到李惠利中学的时候,适逢学校迎接"浙江省一级普通高中特色示范学校评估"。当时,办公室主任汇报评估的准备情况时指出校园文化提炼是评估当中的一个重要指标,但是我们学校还没有将校园文化提炼出来,这一块还是空缺的。在之后的准备工作中,我们以"浙江省一级特色示范学校评估"为契机,针对学校文化的提炼进行了专门的研究。对家长、社区进行了专门调查,深入了解了他们对学校的认识,并广泛收集了他们的建议。除了倾听社区的声音外,学校还将工会作为了解学校教职工建议的一个窗口,采取各种方式收集信息,深入倾听教职工对学校制度改进的建议,把大家的意见和建议及时反映到校务会。经过大家的集思广益,最终将学校文化定位为"惠利文化"。大家都觉得一下子找到了文根——我们学校文化的出处和来源。这为本课题的研究提供了基础。

第四节　基于学校文化的校本改进构想

遵循校本改进演进的脉络,我们明晰了校本改进是时代主题,是李惠利中学进一步发展的必然追求,也是作为学校管理者的职责所在。与此同时,我们对校本改进进行了整体构想。接下来,需要进一步考虑的就是如何改进,找到校本改进的抓手。基于学校文化的校本改进研究,我认为至少需要对以下几个问题进行回应。

一、目标: 基于学校文化的校本改进

长期以来,学校挖掘建校历史,总结过去创造和积累起来的文化积淀,秉承宁波改革开放的精神,始终坚持以独特的开拓精神,培育面向世界的复合型人才,初步形成了以"惠利"文化为精髓的文化品牌。为适应教育事业不断发展的需要,学校竭力改善办学条件,提高校园文化品位,努力创建高规格、有特色、高质量的校园文化品牌,自 2016 年开始进行校区改造,在硬件资源有待改善的困难下,充分挖掘校史的文化资源,借助理念文化建设、制度文化建设以及环境文化建设等多个渠道积极开展各类富有特色的校园文化活动,有序推进学校文化综合建设。基于学校文化的校本改进,就是希

望以学校文化为灵魂,带领全校师生将学校办成一所"惠心利人"的学校。具体而言,在我们的学校章程中,对办学理念和办学目标都做了具体的描述:

办学理念:让教育适合学生、让学生成就梦想。《国家中长期教育改革和发展规划纲要(2010—2020年)》明确指出,"要关心每一个学生,促进每个学生主动地、生动活泼地发展,尊重教育规律和身心发展规律,为每个学生提供适合的教育"。结合学校在2002年起举办的高中"艺术班"和2003年起举办的"中澳班",凸显分层分类教育教学办学特色,成就每一个学生的"出国梦""艺术梦"的经验,提出了"让教育适合学生,让学生成就梦想"的办学理念。

办学目标:优质化、国际化、现代化。"优质化"办学是政府、社会、学生、家长对学校办学的期望,也是学校自身发展需要的基石。学校力争办成"一所学生喜欢、家长信任、教师满意、社会认可、政府肯定"的优质化高中。"国际化"办学既是时代发展的需要,学校办学特色追求的需要,也是学校三十年教育实践的深刻体会;尤其是"中澳班"、"日语项目"的举办,为学校实现"国际化"办学提供良好的实践载体,学校力争办成一所"具有鲜明的办学特色和跨文化视野的国际化高中"。"现代化"办学是时代发展和国家发展的需要,也是学校自身发展的需要,学校力争办成"一所融科学、艺术、人文、国际化于一体的现代化特色高中"。

二、思路:大学与中小学合作的行动研究

"随着教育改革的不断深入以及全球化、市场化等学校外部环境的剧烈变化,学校愈来愈需要与各界协作来共同提高教育质量。"[1]"大学与中小学

---

1 卢乃桂,张佳伟.院校协作下校本改进原因与功能探析[J].中国教育学刊,2009(1):40-43.

合作(U‐S)已经成为当前中小学校本改进的一种主要模式,也是促进教育理论研究成果向实践转化的重要途径。"[1]进入20世纪80年代之后,世界范围内兴起了对教育质量的关注,校本改进的研究与实践也得以迅速发展。在校本改进的发展中,院校协作发挥了重要的作用。在前期的论证中,我们充分认识到学校改进的"校本""系统""持续"的三重原则的重要性。问题在于,学校进行自我改进时,由于各方面条件的限制可能只进行了某一方面或者某个学科的改进,难免会出现"头痛医头,脚痛医脚"的现象。另外,大多数校本改进初始都有依据的环节,但缺乏科学的论证与明确的思路,凭经验、凭感觉的现象普遍存在。在内容层面,往往呈现点状分布,未形成结构和系统。在过程中,缺乏必要的监控和过程反馈,对改进取得的进展、实施的程度、遇到的问题、解决的方案未做预案,既影响及时跟进,更导致改进缺乏深度,浮于表面。而在院校协作的情境下,大学相关专家可以以一种"局外人"的身份来看学校,从而可以从学校整体发展出发提出具体的变革意见,使学校走出"不识庐山真面目,只缘身在此山中"的困境。

我们意识到,一方面,为了让"惠利"文化更有逻辑性、科学性和文化性,需要"借力"。另一方面,遵循实践逻辑,我们的重心落在"如何做",而对"如何总结"缺少足够的耐心。学校做了很多的实践工作,但是往往在总结和提炼上力不从心。大学与中小学合作研究的思想给了我们启发。最终,我们学校和宁波大学教师教育学院郑东辉教授团队达成共识,共同推动李惠利中学"基于学校文化的校本改进研究"项目。在合作的过程中,双方通过澄清和传播共同的教育信念、共享知识和资讯、探讨各自在合作中的角色和功能,进而整体地参与到校本改进中来。借助大学与中小学合作,我们着力于

1　鲍传友,李鑫.从"局外人"到"局内人":中小学教师参与"U‐S"合作的角色困境及其转化[J].
教育发展研究,2019(8):73‐78.

三维文化框架的建构,主要从科学性、文化性、逻辑性上进行反复推敲,让我们三维文化框架更加经得起推敲,从而成为基于学校文化的校本改进的有力工具。另外,大学一方不但能够在"如何总结"上提供助力,而且还能够让学校教师通过"学会总结"走上"成为研究者"的道路,通过校本的方式促进学校教师整体专业发展。简言之,我们借助大学研究者的力量,是希望为"基于学校文化的校本改进研究"在理论提炼与成果表达上提供专业的帮扶。

三、会诊:了解基于学校文化的校本改进着力点

为了基于学校文化的校本改进研究的顺利推进,我们首先需要确定基于学校文化的校本改进的着力点在哪里。为此,我们首先设计了调查工具,对学校文化的现状展开调查;在此基础上,我们重点对学校文化的个性化表达进行了提炼,力求避免"文化撞车"现象的发生;接下来,为了让我们的课题经得起推敲,着重对学校文化的框架建构进行论证,形成"三维文化"框架;最后,我们注重学校文化实践,让课题研究落到实处。在我们看来,只要抓住了这四个着力点,就基本上能够保障课题的顺利推进。

(一)学校文化的现状调查

不管人们是否意识到,学校文化的要素和特性在学校创立之初就开始存在了,并且通过学校历史上的重大事件得以不断发展,通过学校争端和冲突得以不断强化,通过使用和强化得以不断明确。随着时间的推移,非正式的、潜意识中的学校理念和学校价值观逐渐明确并为学校师生员工所共享,从而逐渐成为坚定的学校核心价值观。因此,从一定意义上来讲,"了解学校历史不仅是深入理解学校文化的关键,而且认识学校历史本身的过程就

是逐步强化学校价值观、逐步构建学校文化的过程。"[1]基于此,我们首先需要对学校文化进行调查、摸底。

我们主要采用问卷调查和访谈调查两种方式。通过对师生的问卷调查,了解师生对学校文化建设的认识、需求、思考与建议。通过对教师和学生的访谈,了解和分析师生群体在实践中对"惠利"文化的认识理解,分析当前学校文化因素,从而更有效地推动"惠利"文化框架的建构与实践。在访谈过程中,通过追问有关学校发展史上的一些关键问题,我们可以初步认识学校的历史。

(二)学校文化的独特表述

基于学校文化的校本改进目标,我们需要特定的学校文化表达帮助识别学校文化的独特性。当前很多学校在学校文化的表达上缺少个性的挖掘和提炼,从而失去了学校文化应有的内涵。就我了解的情况而言,这种问题主要表现在这样几个方面。

首先,学校文化的表达千篇一律。2016 年 11 月,我参加了一个高级别校长会议,有 12 位校长上台轮番介绍自己的学校管理经验,其中包括学校文化方面的内容。我发现有两个不同地方的校长在介绍各自学校文化的时候,都用了"博雅文化"这样的表达。这一现象引起了我的思考,在后续了解其他学校文化的过程中,我发现这一现象很普遍,很多学校的文化表达大同小异,有的甚至是一模一样。在我看来,这样的学校文化的表达,很难将学校文化的独特性提炼出来。因此,在学校文化的提炼过程中,我比较看重一定的个性化。

---

1 杨全印.学校文化建设:组织文化的视角[D].华东师范大学,2005:23.

其次，学校文化的表达标新立异。比如，有一所学校所提炼的学校文化为"崮"文化。第一次接触，我就觉得有点不能理解，这到底是怎样的一种学校文化呢？后来经过了解，我发现，"崮"文化与该校的物理性状有关，他们校园的形状，就像汉字"固"。考虑到"固"字本身有固步自封的含义，与学校教育理念相左。因此，在提炼学校文化的时候，学校陷入了纠结之中。后来，有专家指出，学校周围群山环绕，不妨在"固"字上加一个"山"字，从而形成"崮"文化。并指出，"崮"字本义为"四周陡削、顶部较平的山"，可以引申为学校要从周边的竞争对象中脱颖而出、追求卓越之意，而这正是学校所诉求的。但是我个人认为，这种表达还是过于生僻，需要多加了解才能察觉文化表达背后的文化诉求，而且文化意蕴的解读显得突兀，这并不是我所希望的文化表达。

再次，学校文化的表达生搬硬套。在学校文化建设的浪潮中，很多学校管理者把学校文化当作一种"仓库"，只要与文化相关的符号都往"仓库"里搬，这样反而模糊了学校文化的边界，缺乏对学校文化内涵的提炼。而在我看来，学校文化的表达既要有个性，又要"贴肉"：要跟这所学校融为一体，而不是硬加上去的。

总而言之，好的学校文化表达，既要有个性，也不能过于标新立异，还要与学校的实际情况密切相关。在我看来，好的学校文化提炼应该是"说得准，说得精，说得美，富有个性"。从文化角度来说，它的生成一般有以下几个方面。第一，自古有之——"传"；第二，就是"造"，从零开始完全生造出来，典型的例子都来自新学校。新学校一开始没什么东西，很多都是造出来的。第三，在现有的基础上进行"提炼"，就是"炼"出来。我认为，从文化的生成来看，主要是这三个渠道。而我们李惠利中学则是第三个渠道——"炼"。提炼学校文化时，应该抓住学校的根，所提炼出来的文化应与学校的根是密切联系的，不然就是无根之文化。关于学校文化的提炼，抓学校的"根"是其一，其二是我们对于学校未来的美好期望。从抓"根"的角度，可能是考虑到学校文化的引领性和契合度。但是我觉得学校文化的提炼不仅仅可从校名、地名等角度提炼，更多是从文化的角度来思考，或者是从文化的本意视角。为了标新立异，有些学校文化表达特别生僻，这也容易引发歧义。宁波三中"和美文化"是从学校的办学特色出发而提炼的。其中"美"字，既是跟学校发展的美术班有关，还跟美的教育、美好的愿望有关。

正是基于这样的考虑，我们根据学校的实际情况，从校名出发，提炼出我们学校的文化表达——惠利文化。李惠利中学学校文化的提出，是从校名出发的。"惠利"，既是李惠利先生的名字，又是一个动词，既"恩惠及人，使之得利"的意思。李惠利中学两个校区的大厅都刻有碑文——"惠利乡井，造福桑梓"。所以我就想到从"惠利"两字出发，把几层不同的意思结合起来。

（三）学校文化的框架建构

在明晰"惠利"学校文化内涵的基础上，从学校文化建设的角度，基于学校发展的脉络，从制度文化、精神文化、物质文化、行动文化等角度构建"惠利"学校文化的框架。在框架建构的过程中，需要结合李惠利先生生平和学校发展脉络两方面来构建学校文化框架。

一方面，基于学校文化的校本改进，需要有框架思维。这是在三中的工作经历给我的启发。当时主要基于实践的逻辑，从我们对文化理解的角度，提出了美的品行(德育)、美的专长(技能)、美丽环境、美妙创造这样一个四维的"和美文化"框架。这个框架的构建，有专家提出了在逻辑上是否有一定的遗憾。所以到了李惠利中学，正式确定基于学校文化的校本改进方略后,我就特别提醒自己:一定要做好顶层设计,搭建好文化框架,同时思考如何在构建学校文化的过程中凸显文化内涵,做到以学校文化统领学校发展。

另一方面,基于学校文化的校本改进的文化框架,需要从学校中"长出来"。学校文化是一个不断建设、反思、提高的整体工程,是学校可持续发展的动力,是学校综合办学水平的重要体现,也是学校个性魅力与办学特色的体现,更是学校为了进一步优化育人环境,培养适应时代要求的高素质人才的内在需要。当前关于学校文化框架的认识,大多是来自于社会文化学研究的迁移,而忽略了学校文化独有的学生主体和教师主导的矛盾,忽视了学校文化框架建设中对师生文化的"离心力"的研究,导致学校文化工作碎片化、事务化,重形式轻内容结构现象,进而使得学校文化表象繁芜丛杂,而学校文化框架建构单一。所以学校文化框架建构需要理顺学校文化实践主体内部的关系,探究学校文化的多元化实践路径,并且关注对应实践载体背后的人与人的关系。

(四)注重抓手的学校文化实践

如何让文化落地是本课题研究的最终归宿,这就需要载体。学校文化建设并不是在真空中进行的,如果没有相应的载体作为依托,就只能停留在纸面上。因此,找到推进学校文化的载体是学校文化实践是否落到实处的重要环节。从学校文化模型建构上来说,我一直认为学校文化模型是树状的:埋在地底下的"根"是文化基因,与学校的历史息息相关;"树干"就是我们的文化框架,规约了学校文化的脉络;而不同的"枝条"就是具体的载体。

我们所理解的载体,主要从学校管理、课程体系、课堂教学、教师发展和学生发展等方面进行探索。比方说,在惠利德育构建过程中,我们开发了这样几个载体,第一个是"惠利学堂",就是学生在实践当中学习新知识,感悟社会,体验生活,然后引发深层次的情感思考,包括学生走出校门进行的研修活动、学生志愿者做的校外志愿者活动(学雷锋活动)等。第二个是"惠利小院士",即在某一领域中,学生有特别的创造,或者在某一领域有特长,对此我们会给学生一个评价和表彰。为此,我们设置了"德行分院""文学分院""科学分院""艺术分院""体育分院""国际分院"六个分院,并且每个分院又取了特别的名称。比如,"德行分院"又称"惠利分院",因其"恩惠及人使之得利"而得名;"文学分院"又称"庄子分院",因其作品被称为"文学的哲学,哲学的文学"而得名;"科学分院"又称"张衡分院",因其人为东汉伟大的天文学家、发明家而得名;"艺术分院"又称"伯牙分院",因传《高山》《流水》均为其作品而得名;"体育分院"又称"顾拜旦分院",因其被誉为"奥林匹克之父"而得名;"国际分院"又称"张骞分院",因其为汉代杰出的外交家,开拓了丝绸之路而得名。我们的设想是,在学校文化框架的基础上,遵循实践逻辑,各个击破,让基于学校文化的校本改进真正得以发生。

第二章 三维文化框架建构

经由背景与问题的分析,我们明白一个道理:学校应该走文化发展之路,通过文化建设变革学校。要走这样的路,前提是要建构起一个适合学校的文化框架。我们从理论和实践两个方面探讨学校文化建设的框架问题。

第一节 学校文化建设的理论分析

在理论层面上,要为文化建设找到理据,就需要分析清楚学校文化的内涵与构成要素、学校文化建设的价值取向,以及文化建设的主体与应坚持的原则。

一、学校文化的内涵与构成要素

(一)学校文化的内涵解读

学校因文化而驰名,文化经学校以流传。学校文化是一个内涵较为丰富的概念,既包含学校教育教学现象背后隐含的意识、价值、态度这些观念层面的东西,也包括能够体现这些观念的现象与活动。它是一种无形的力量,是一个复杂的整体,塑造了校内成员的心理和价值观念,也影响着学校发展的客观现实。当前,学校文化建设越来越受到各级各类学校的重视,正兴起一股气势磅礴的学校文化"热潮"。在这股热潮中,需要我们清醒地把握住学校文化的本质内涵。何谓学校文化? 仁者见仁,智者见智。概括起来,主要有四大方面的代表性观点。

一是理念性学校文化。学校文化是一所学校所承载的整体性精神气质和文化思想,它以价值观为核心,通过人的生活方式、言语、观念、行为、制度和环境布置等有形和无形的方式表现出来,[1] 即认为学校文化象征一个学校群体成员的价值取向、信仰、态度和行为。二是创生性学校文化。学校文化是在长期发展过程中逐步积累形成的、师生共创的教育实践活动方式与创新成果的总和。[2] 它是学校全体成员在教育教学和管理实践中逐渐积累和共同创造生成的价值观念、思维模式、行为方式及其活动结果。[3] 三是基于理论视角的学校文化。教育学视角下,理解学校文化,首先要思考"学校教育是什么""学校的本质是什么""学校的功能是什么"。[4] 从社会学的角度看,学校文化是教育者根据社会的特定要求及社会主流文化的基本特征精心设计和有意安排的法定文化,是学校内部各群体所蕴含的亚文化。[5] 四是系统关系性学校文化。学校文化实质上是学校的"意义结构",它以学校师生内含于心的教育理念和教育价值为核心,以外显于行的办学行为和环境符号为表象,并得到社区和家长认同的理念与行为符合的统一整体。[6]

通过梳理不同学者对学校文化持有的观点,可以发现学校文化确实是

---

1 唐汉卫.关于学校文化建设的几点思考——兼论当前学校文化建设存在的问题[J].教育发展研究,2012(Z2):84-89.
2 顾明远.论学校文化建设[J].西南师范大学学报(人文社会科学版),2006(5):67-70.
3 王定华.试论新形势下学校文化建设[J].教育研究,2012(1):4-8.
4 崔允漷,周文叶.学校文化建设:一种专业的视角[J].教育发展研究,2007(9):29-33.
5 王晋.学校文化的社会学审视[J].教育理论与实践,2011(28):12-15.
6 杨志成.学校文化建设的解构与建构[J].中国教育学刊,2014(5):41-44.

一个内涵丰富的概念。透过这些概念，我们可以明晰，学校文化在任何时候都离不开学校成员的相互作用，它包含了三个基本要素，即学校成员、作用媒介、形成结果。由此，我们可以将学校文化定义为：学校成员在内外部环境的互动过程中，以定义、理解、运用、调整符号为作用媒介，逐步创造和形成并共同遵循的核心价值观以及承载这些价值观的活动形式和物质形态的总和。

在明确学校文化具体含义的基础上，还需要我们充分认识它不同于其他组织文化的个性特征。如是，才能更好地把握学校文化的内涵本质。从学校文化的概念出发，其鲜明的特征主要表现在以下四个方面：

一是独特性。每一所学校由于历史传统、管理方式、办学模式、实践水平甚至所处的位置及地理环境和社会环境的不同，都会形成具有本校特色的文化，会在学校成员价值观、行为方式、学校精神、学校风气等方面表现出来。

二是内隐性。学校文化一旦形成，其包含的价值观、信仰、行为准则等精神因素，会作为一种文化意识形态的氛围弥漫于整个学校之中，渗透到学校所有成员的一切活动和行为中去，人们时时会感到它的作用和约束，并以此自觉规范言行。

三是教育性。学校的物质环境，包括校容校貌、建筑物、教室里课桌的摆放方式以及名人名言、格言警句等无不散发出教育的气息，使人感受到教育的力量，受到学校文化潜移默化的影响。此外，学校的规章制度、行为准则对全体成员也有规训、教育的作用。

四是象征性。学校文化隐含着某种特定的意义，诸如学校建筑物、校服、校徽、纪念章、升旗仪式等，都蕴含着某种象征意义。

（二）学校文化的构成要素解析

1. 学校文化维度的三种典型分法

对于学校文化的维度构成，学界有三种代表性的观点，分别是二分法、三分法和四分法。

二分法最初源于《教育大辞典》对学校文化的界定，即"学校文化指校内有关教学及其他一切活动的价值观念及行为形态"[1]。可以看出，学校文化包含了内隐价值观念和外显行为形态两方面内容。以此为据，一些学者做了进一步的解释，如"学校文化是学校物质财富和精神财富的总和，是科学文化、教育文化和传统文化的综合反映。"[2] 也有将学校文化概括为"学校全体成员或部分成员习得且共同具有的思想观念和行为方式"。[3] 总的来说，二分法是将文化分为内隐与外显两个方面，内隐的精神文化影响或决定外显的物质文化，物质文化又反映精神文化。具体来说，精神文化是学校文化中有精神感召力和价值影响力，却无法通过媒介直观显现的内容，如价值观念、办学理念、校风与习俗等；物质文化往往是那些与组织创造直接相关的，能通过媒介直观显示出来的内容，如建筑物、文体活动、校徽、校园标识等。

对于三分法，有三种代表性观点。一是根据学校文化由内到外的层次，详细分析其内部结构："第一，学校文化的外显层，主要指对象化了的物质形态，以及显现在外的学校主体的活动形式。第二，学校文化的中间层，主要指学校中特有的规章制度、管理条例、学生守则、领导体制、检查评比标准以及各种社团和组织机构及其职责范围等。第三，学校文化的内隐层，主要指学校内师生认可的行为方式、价值观念、群体目标、治学态度以及种种思想

1　顾明远.教育大词典(六)[M].上海：上海教育出版社,1992：426.

2　石鸥.学校文化学引论[M].北京：气象出版社,1995：21－22.

3　郑金洲.教育文化学[M].北京：人民教育出版社,2000：76.

意识。"[1] 也就是将学校文化由内到外依次分为：价值、制度、物质。二是把"学校文化"定义为"学校在长期的教育实践和与各种环境要素的互动过程中创造和积淀下来并为其成员认同和共同遵守的信念、价值、假设、态度、期望、故事、轶事等价值观体系；制度、程序、仪式、准则、纪律气氛、教与学的行为方式等行为规范体系。以与学校布局、校园环境、校舍建设、设施设备、符号、标志物等物质风貌体系。"[2] 概括起来，就是价值观、行为规范、物质风貌三个体系。三是视学校文化为"一所学校在长期的教育实践中积淀和创造出来的，并为其成员认同和遵循的价值观念体系、行为规范准则和物化环境风貌的一种整合和结晶。"[3] 综上可以看出，对三分法构成内容的表述不尽相同，大致归为精神（价值）文化、物质文化、制度文化。换句话说，三分法是对二分法的扩展，增加了制度文化，使学校文化更为完整。制度文化是学校成员关系的形式表现与学校组织运行的框架依据，是精神文化的产物，同时也支撑精神文化与塑造物质文化。

四分法是在三分法基础上，增加行为文化维度，"学校文化的结构应该包括学校精神文化、学校制度文化、学校行为文化和学校物质文化四个方面。其中，学校精神文化是学校文化的深层表现形式，是学校文化的集中体现；学校制度文化、学校行为文化和学校物质文化则是学校精神文化的基础和载体，并对学校精神文化起促进作用。"[4] 也就是说四分法包括精神文化、物质文化、制度文化、行为文化四个方面，"其核心是精神层面中的价值观念、办学思想、教育理念、群体的心理意识等。"[5] 其实在二分法和三分法中，

1　俞国良. 学校文化新论[M]. 长沙：湖南教育出版社，1999：28-32.
2　范国睿. 学校管理的理论与实务[M]. 上海：华东师范大学出版社，2003：315.
3　阎德明. 现代学校管理学[M]. 北京：人民教育出版社，1999.
4　赵中建. 学校文化[M]. 上海：华东师范大学出版社，2004：299.
5　顾明远. 论学校文化建设[J]. 西南大学学报（社会科学版），2006(5)：67-70.

36　惠利文化与学校发展

也有行为文化的影子，如有些学者将行为文化归到物质文化上，将此表述为"行为形态"，有的学者将此归为制度文化，用"行为规范体系""行为规范准则"来表述。如果深究行为文化，它是有别于精神、物质、制度的，是学校成员在教育教学实践过程中产生的一种活动文化。精神不可移，制度不能朝令夕改，物质作为一种表现形式、结果和载体，同样无法轻易变更，那些受精神引领和制度引导而产生变化发展的动态行为，就凝结为行为文化。

精神是内隐的，是学校文化的深层表现形式和内核，是学校成员共同认同、遵循的精神成果和价值观念。物质是外显的，是学校文化最直观的表现形式，是学校成员在教育教学实践中创造的各种物化内容，能直接给人以五感刺激。制度是学校成员之间关系的总和，不能被精神和物质所概括。如果说物质代表着学校文化中"物"的关系，那么制度就是学校文化中"人"的关系。从这个角度来说，行为文化其实就是制度文化中的一环，行为产生制度（包括习俗、规范），而真正能留存下来的才是文化，那些普通的、短暂的行为并不能称为文化。在某种意义上说，制度文化本身就包含了行为文化。为此，我们更愿意将学校文化分为三个维度，即精神文化、制度文化与物质文化。

2. 学校文化的三维结构

（1）精神文化

精神文化是学校文化的内核，是学校文化的重要组成部分，是学校生命源泉的体现，通过它能够加强学校与学生、社会和生活之间的有机联系。当师生共同感受到学校精神文化时，学校本身就成为了师生所共同拥有的生活世界，在这个世界中充满了人的价值与意义、情感与体验、交往与实践，体现着人的生命的律动。[1] 当前，仍有大量学校推崇"考试文化"，以知识传授

1　苏鸿.基础教育课程改革与学校文化重建[J].课程.教材.教法,2003(7)：10-14.

为首要任务,唯分数至上,使学校文化日益失去育德养人的功能。因此,为了防止学校教育"功利性"与"非人性化"的倾向,从根本上讲,需要我们形成一种关心学生、体现学生价值的精神文化,并以此作为学校一切工作的理念向导。

由于精神文化在学校文化中的重要地位,我们要在学校教育中根据社会一定的要求,有目的、有计划、有组织地对受教育者施加精神文化的影响,使学生形成一定的思想政治观点和道德品质活动。因此,向新生一代传播社会基本价值观、道德观、人生观等观念应该作为学校教育的基本任务,我们尤其需要重视校内精神建设,既融社会上普遍认可的价值观念于学校文化,又生成自己独特的价值观念体系。目前来看,我国中小学都很注重通过学校的文化氛围塑造学校的价值观念,例如每一所学校都有足以体现学校特色和价值取向的校训。其实,学校的精神文化在学校生活的方方面面都有所体现,就像第一次走进某所学校时,我们都能感受到一种特有的、无法用言语表达的气氛或感受,这种感觉可以称为这所学校的"风气"或"氛围",它是学校精神诸多方面的表征。换句话说,学校文化主要通过它的校训、愿景、理念、教风学风校风等,彰显自己的精神面貌。

（2）制度文化

优质的学校文化是一种合作性的学校文化,而合作性学校文化的形成需要设置相应的制度予以保障,即将价值观念与行为方式结合在一起,共同成为学校的制度文化,使教师主动遵守与适应这种合作。学校制度文化包括"硬性"的规制,即一种明确的、外在的各项规定,如明文规定的规则、法律,使得个体只能做某些事,不能做其他事,例如章程、教学质量保障制度、学生成长管理制度等。除此之外,还有"软性"的约束性期待,包括规范性制度,这属于道德范畴,例如"学校师风师德建设""家校合作共赢机制"等。另外,还有一种习俗性的行为模式,这是学校在长久的办学过程中约定俗成的习惯性行为。构建具有生命意义的学校精神文化,关键要有适当的学校制度予以保障。

(3)物质文化

苏霍姆林斯基曾指出,"孩子在他周围——在学校走廊的墙壁上、在教室里、在活动室里——经常看到的一切,对于精神面貌的形成具有重大的意义。这里的任何东西都不应当是随意安排的"。[1] 在学校教育活动中,学校文化中最直接、最广泛、最重要的就是学校文化的实践基础——践行办学理念的学校活动与学校环境。因为不论是精神文化还是制度文化,都应该通过一定的物质载体反映出来。学校环境与师生行为活动能够良好的落实学校精神文化和制度文化的要求,体现出学校的核心理念和价值观,促进整个学校文化系统的深入贯彻与落实。

二、学校文化建设的价值诉求

明确了学校文化的内涵,在具体建设过程中,我们需要确立鲜明的价值追求,进而充分发挥学校文化的目标导向、凝聚人心和激励功能。具体来说,目标导向主要是通过文化塑造来引导成员的行为心理,使学校成员在潜移默化中接受共同的价值观与理想追求,自觉自愿地把组织目标当作自己的目标,使个人目标与组织目标尽量统一起来。凝聚人心主要是通过学校成员共享的文化习性、理想目标、行为规范等对师生员工产生强烈的聚合力的要素实现。激励功能主要体现在优秀的学校文化对于学校成员的正面导向作用。基于三方面文化功能的考量,学校文化建设应特别关注以下三个

---

1 苏霍姆林斯基. 帕夫雷什中学[M],北京:教育科学出版社,1983:191-192.

方面的价值取向。

（一）凸显育人价值

与其说学校文化建设是一个文化的建设过程，不如说这是一个"人"的生成过程。"文化与人的交互作用，是人不断接受文化教化的过程，也是人不断发挥潜能并创造文化的过程。"[1]学生在学校的特有环境中认知、理解、体验、感悟、反思、建构、生成的过程，实际上就是传承与创造文化的过程，更是实现学校文化育人价值的过程。基于这样的价值理念，学校文化建设应当超越工具理性，打破功利主义的樊篱，树立价值关怀的理念，立足生命的立场，融入文化情感，涵养教育的意义。

首先，坚持学校文化的生命立场。学校文化建设应当将学生的生命成长作为其一切行动的出发点和落脚点，尊重学生生命主体的发展规律，提供与创造其生命成长所需的机会和条件，如文化设计理念、物化环境的构建、活动平台的搭建等，引导学生在文化建设中获得生命体验、认知和创造的意义。

其次，注重学校文化的教育意义。教育意义是指文化过程和文化结果所涵养的促进学生生命成长所具备的营养价值。富有教育意义的学校文化建设能够实现陶冶、启蒙的价值，能够使学生获得丰富的认知、体验、熏染、感悟等成长所需要的营养从而拔节成长或储备成长潜能。

再者，关注学校文化中的情感诉求。人是有情感的，文化也是饱含情感的，有情感的文化才有生命力和影响力。人们在创造文化的过程中融入丰富的情感，正是这种情感基础使各种文化焕发其独特的光彩，让文化的传承

---

1 司马云杰.文化价值论：关于文化建构价值意识的学说[M].陕西：陕西人民出版社，2003：134.

和发扬有了更大的可能。一方面,尊重学生及学校其他成员的生命情感。文化建设体现人本理念,尊重人在文化建设中的主体性,主动发现并满足学生及其他文化主体的情感需要。另一方面,学校领导要融入自身对学校、学生、教师最真诚的情感,使之成为重要的文化建设方式与内容。

(二)促进教师专业发展

教师是学校文化建设的主力军,在文化建设中成就自我、提升专业水平便成为学校文化建设的一种追求,是学校文化凝聚人心功能的重要载体。首先,通过理念与价值建设,促使教师树立专业发展信念。学校文化的核心是学校的价值观,是在学校群体的共同心理和行为中体现出来的群体心理定势和心理特征。它把学校整体及教师个人的价值取向及行为取向引导到学校所确定的目标上,将教师的事业心和成功欲转化成具体的奋斗目标、信条和行为准则,形成教师的精神支柱和动力,引导教师为实现学校目标而努力的同时,达到自身发展的目的。

其次,通过文化氛围营造,提升教师的专业学习和自我反思能力。良好的学校文化本身就是提高教育教学成效的坚实基础,同时也是一种教育因素,为教师的专业学习和反思提供机会与平台。一方面,学校营造学习组织气氛,开发各类教师学习资源,激发教师的学习欲望和持久学习的动力,促使教师成为自觉学习的"学习人"。另一方面,从不同途径为教师的教学反思提供平台,引导教师对自己教学中的问题进行反省、思考、探索,做出理性的选择、判断和整理,转变教学观念,提升教学能力。

再者,通过凝聚力工程,实现教师专业群体发展。学校文化作为一种特殊的精神粘合剂,能在学校组织内部产生强烈的凝聚力量和激励力量,使个体对组织有强烈的归属感、自豪感。学校文化越成熟,教师心理就越协调、越相容,教师心理对组织的认同性就越高,依赖性也越强,心灵交往也会越密切。自然而然地,教师会拧成一股绳,使共同发展成为一种可能。

(三)形塑文化品牌

在当下,品牌,俨然已经演变为一种文化符号、一种无形资产、一种核心竞争力,成为在社会大众及一定群体中具有很高知名度、美誉度和忠诚度的首选目标消费品。[1] 对于学校文化建设来说,也应该树立品牌意识,打造属于自己的文化品牌。良好的学校品牌能产生识别性,盘活自身办学资源,提高自我影响力,吸引更多社会支持投入,并且创建品牌的过程也是学校进行自我定位、科学规划、形成特色服务、重组自身资源、扩张办学理念影响力的过程。[2] 也就是说,学校文化建设的成功与否,直接关系到学校品牌塑造的成败——优秀的学校文化是学校以及学校品牌建设的灵魂。由传统的文化积淀、先进的办学理念、良好的教风、学风等要素构成的学校文化是成就学校特色品牌的根基。我们应该在这方面下足功夫。

三、学校文化建设的主体与原则

(一)学校文化建设的主体

学校文化建设是学校文化形成或重构的过程,涉及多方面关系,如理想与现实的关系、理论与实践的关系、共性与个性的关系、继承与创新的关系、责任与利益的关系,这需要多主体参与,才能理顺关系,培养适合学校的优质文化。具体来说,需要充分发挥校长、教师、学生的建设主体作用。

1　张光义.品牌学校构建与传播[M].重庆:西南师范大学出版社,2012:2.
2　林湛.学校文化建设与品牌塑造:福州市"鼓二小"品牌塑造与学校文化建设实践探索[M].福州:福建人民出版社,2014:2.

1. 优化校长的管理行为

校长对学校文化的理论认识如何,积极性、主动性如何,是否具有文化自觉性,决定着一所学校文化发展的厚度与宽度。[1] 尽管学校管理的事务千头万绪,在文化建设中,校长应避免陷入事务堆里,要走近师生,激励全校师生重视与践行学校文化,组建优秀团队,有序开展学校文化建设活动。

2. 发挥教师的主导作用

教师与学校文化有着天然的联系,只有教师领悟学校文化,积极践行学校的文化理念,学校文化才会从抽象的书面规范转化为具体的实践活动,让全校学生近距离体会、感知、认识、理解学校文化的魅力。所以要让教师成为学校文化建设的主导者、播种者与实践者,发挥教师的主动性和创造性,使学校文化落地生根与可持续发展。

3. 重视学生对文化建设的参与

学生是学校文化建设的承载者、体现者、参与者。学校文化以学生发展为根本,其建设过程必然离不开与学生的合作。学校可以引导或鼓励学生通过两种方式参与学校文化建设:一种是让学生直接参与,如让学生为文化建设建言献策,让学生设计班级文化;另一种是让学生间接参与,主要是学校管理者设计各类文化活动,让学生参与其中。

(二)学校文化建设的原则

学校文化建设是有章可循、有规律可依的,主要体现在文化建设的原则当中。具体来说,应坚持四方面原则。

一是方向性原则。学校文化建设是服务于人的成长的,要为培养社会

---

[1] 徐文彬,张勇.我国学校文化建设研究:成就与展望[J].当代教育与文化,2009(2):21-27.

主义建设者和接班人服务的,应强调人的现代性与文化的中国属性,传承中华优秀传统文化的同时,凸显正确的政治方向。

二是整体性原则。学校文化建设是一项创造性系统工程,涉及学校的方方面面。在建设过程中,不仅要做好整体规则,而且要做到物质文化建设和精神文化建设相结合、精神文化建设和制度文化建设相结合、教师文化和学生文化相结合,使各个因素协调一致、和谐发展。

三是发展性原则。学校文化不是封闭与静态的,而是开放与动态的,它的建设过程不只是仿生,而是扬弃与创新的过程。也就是说,学校在文化建设过程中,要与时俱进,定期梳理、审视和反思已有文化,补充与时代发展相一致的文化内容,及时更新文化理念,使之可持续发展。

四是主体性原则。教师和学生既是学校文化的设计者,也是文化建设的参与者和实践者,学校应充分认识到师生作为文化建设主体的重要性。只有依靠他们,增强他们的主人翁意识,尊重他们的民主权利,发挥他们的积极性和创造潜能,才有可能建设富有生命活力的现代学校文化。

第二节 学校文化建设的实践来源

学校在文化建设过程中,积累了丰富的实践资源,一种是历史积淀所形成的文化遗产,另一种是建设主体所汇聚的人力资源。

一、历史的足迹:学校文化建设的实践经验

(一)传承校训,更新理念

校训是学校精神文化的具体载体,是在学校精神文化的指导下提炼出高度凝练的词句,是师生共同遵守的基本行为准则与道德规范。建校之初,

李惠利先生就提出了"勤、俭、诚、实"的校训,希望在校师生能够勤奋地工作与学习,保持节俭朴素的生活作风,以诚待人,并脚踏实地地开创自己的事业、学业。这一校训自提出以后就沿用至今,并集中体现在李惠利中学"严谨勤奋"的教风学风、"节俭朴素"的生活作风、"真诚进取"的思想作风、"实事求是"的工作作风上。李惠利中学在办学过程中始终牢记校训,用校训积极指导学校办学实践,并从实践中衍生出符合校训精神的办学理念。2002年至 2003 年,李惠利中学创办的高中艺术班和中澳班,使分层分类教育教学的特点开始凸显,萌生出"让教育适合学生"的理念;2009 年,李惠利中学在反思、比较普通高中教育和艺术、国际类教育过程中,正式提出了"让教育适合学生"的思想;2016 年,在总结学校办学历史的基础上,又提出了"让学生成就梦想"的构想。结合李惠利先生名字中"惠"与"利"两字所蕴含"仁爱"与"收获"的寓意,最终形成"惠润每一位学生,利泽每一个梦想"的办学理念。

(二)革新制度,推进管理

制度建设过程中,学校坚持"民主对话代替威权管理、情感交流代替职业冷漠、互惠实效代替形式固化"的理念,及时更新与编制涵盖学校各方面管理的制度与规范,引导学校全体人员自觉遵守制度,并借助学校习俗潜移默化地影响师生行为。有关制度与规范主要体现在教师队伍建设、课程与教学、学生学习等方面,如自 2010 年起,学校为实现教师专业发展,在教师培训方面进行了积极的探索,研制《宁波市李惠利中学教师专业发展培训规划(2010—2015 年)》,建构灵活开放的教师终身学习体系,以"以学导教"为主题开展课堂教学实践与培训,使教师读书会、专家理论指导、听评课三项活动制度化。有关存在于师生行为中的学校习俗也逐渐形成,例如在学校每日升降旗时间,师生都会自觉站在原地,等待升降旗活动结束。

(三)美化校园,创新活动

学校将精神理念表现在环境之中,让每一面墙、每一块绿地都会说话,成为学校文化表达的重要场所。校园里的楼名、路名、亭名、广场名、雕塑名等紧紧围绕"惠""利"字词的意义以及"勤俭诚实"校训来命名,凸显文化之美。在此基础上,创设各类师生喜闻乐见的活动,内化精神理念与制度规范。在教学活动方面,持续开展"以学定教"自主课堂系列活动,实施"以学定教"自主课堂比赛、编写校本学案和作业、录制数字化录像课、开办青年教师发展研究会等,提高教育教学的针对性和实效性。

在教学之外,也不断丰富艺术文化类活动。自办校以来,逐渐形成了以下四个方面的活动系列。一是宁波帮精神学习活动。学校定期开展宁波帮文化教育、校史教育等活动,教育学生学习宁波帮精神,引导学生爱乡爱校。二是多样化社团活动。"李中好声音""校园奥斯卡"等文娱活动在校园文化艺术节中展现着学生的个性风采,与英语周、科技周、成人礼、海外夏令营等活动相呼应,共同组成了系列特色社团活动。三是职业生涯规划活动。学校与大学合作,培养一批具有专业水平的生涯规划发展导师,开设一批高中生生涯规则课程,开展职业规划系列活动,帮助学生思考和规划自我成长和学业发展路线。四是爱国主义教育活动。学校以重大历史事件为契机,通过学雷锋日、五四青年节、国庆节等主题,组织相关的知识竞赛、演讲比赛、征文比赛、文艺汇演等活动,使爱国主义教育系统化、常态化。

二、共同体联动:学校文化建设的人力资源

教师、学生、学校的管理者与后勤人员不仅是学校文化建设的对象,也

是学校文化持续发展的重要人力资源。在学校各方人员的互动联系、共同创建下，学校文化更具魅力。

（一）教师群体的参与

随着现代知识更新速度的加快，新课程改革要求教师在促使学生全面发展的同时，也应当去追寻教师的自我发展。这一改革要求虽然迫切，但具体实施时困难重重。度过几十年如一日的教学生涯，不少教师固步自封，本着"多一事不如少一事"的原则，运用自己熟悉的教案以不变应万变。长此以往，有些学校中教师的教学处于彼此孤立的状态，教师团体也逐渐呈现出封闭性和保守性，极大地阻碍了学校文化建设。[1] 而在李惠利中学，教师们积极参与课程改革，寻求自我的提升，全面提升实施新课程的能力，营造交流、和谐的学习氛围。这一情况的发生是依靠学校为教师群体参与文化建设创建的良好平台。

学校搭建知识共享平台，通过集体备课与团队化研究新高考、新课程、新教材等活动，让教师深度参与课程与教学改革，探索自主高效课堂，建构"以学为中心"的课堂，不断转变学生的学习方式，提高学生的学习能力。

学校成立青年教师发展研究会，使青年教师对自己的专业发展有目标、有计划、有过程、有结果，合理构建自己的专业发展"蓝图"。与高校合作，通过校际交流、参加高层次的学术研讨、出国培训等形式，提高教师的教育视野和理论水准。开展了"读书会"活动，引导教师多读书、多讨论、多反思，以观念带动思维，再转化为行动。

1　赵中建.学校文化[M].上海：华东师范大学出版社,2005：10.

（二）学生群体的参与

学生是学校文化建设中的另一大主体，学校搭台，让学生唱好文化建设这台"戏"。学校建立学生成长导师队伍，加强学生发展指导中心工作，在班级管理及各项活动中充分发挥"三自"管理特色，着力提高学生的管理能力。正基于此，学生在教师的指导下，组建了文学社、英语社、动漫社、汉文化社、模联社、编程社、戏剧社、摄影社、爱心环保社、魔方社、心理社、战略兵种研究社等20余个社团。通过有声有色的社团活动，有些学生逐渐明晰了自己的兴趣和特长，为确定专业志向打下基础，有些学生对未来的科学规划让他们明白了努力的方向，并取得了不斐的成绩。2019年我校代表队获"2019RoboCup机器人世界杯"中国赛中学组全国冠军；叶菁菁同学创作的微电影作品《不期而遇》获"第二十届全国中小学电脑制作活动高中组微视频"一等奖，周含晗同学获中国移动"和教育杯"第十六届全国中小学电脑制作活动高中组微视频三等奖，陈力齐同学获得"2019年陆上全国青少年赛艇巡回赛"500米和1 000米双料冠军；李惠利中学舞蹈团更是蝉联三届全国中小学生艺术展演舞蹈比赛中学组一等奖、优秀创作奖，蝉联五次浙江省中小学生舞蹈比赛一等奖。在数理化学科竞赛中，多名学生在省、市竞赛中获得较高的奖项，挤进了一度被老牌名校占据的领地。

另外，学校设计了具有自身鲜明特色的课程体系，构建了"公民素养课程群""生涯规划课程群""艺术教育课程群"和"国际视野课程群"四大类课程群，为学生开辟了多元发展的通道。凭借中澳、艺术两大特色项目在全校的辐射作用，开发了丰富多样的选修课，提高了每一位学生的艺术素养和国际视野。学生可以根据自己的兴趣爱好选择课程，从而有利于发现自己的优点和长处，为今后的职业规划打下基础。在每年开设校本选修课时，学校都会充分听取学生意见。这几年，在广泛征求学生意见的基础上，学校开设了日语、法语、德语、西班牙语、韩语、意大利语等小语种校本选修课。学生选课的积极性很高,很多小语种课程要通过"秒杀"才能抢到,有些学生在选修课学习时,逐渐明晰了自己的职业志向,大学志愿毅然填报小语种专业,或是把小语种作为自己的外语高考科目。比如,2017届毕业生中就有学生被俄语、日语等小语种专业录取,2018年至今,每年都有学生用日语替代英语参加高考,并取得了不错的成绩。2020年学校在高一、高二两个年级开办了日语项目。

(三)管理层的辅助

学校管理层人员是学校文化建设不可或缺的力量,他们不仅规划学校文化,而且参与建设,助推教师与学生的发展。校领导团队坚持可持续发展的目标,关注学校文化对学校资源的引导和整合,通过总结学校发展过程中师生的自觉行为与意识,提炼学校精神与文化特色,进行学校文化的顶层设计,塑造了"惠利"文化的大框架,并不断对其细化。

在校园物质文化建设方面,学校成立创建文明校园工作领导小组,定期召开"文明校园创建专题研讨会",要求学校各处室负责人将部门的常规工作与文明校园创建工作相结合,明确责任分工,将每一部分工作落到实处,做到专事专管。学校全面改善办学条件和校园生态环境,积极探索维护校园安全稳定的长效机制,定期组织全校师生以消防安全、逃生自救、校园防暴反恐等为重点的防震应急逃生演练活动,培育师生生态文明意识,建设安全和谐美丽生态校园。

在对外交流方面,深度参与宁波市深化国家级试验区建设,做强、做大学校的国际交流特色项目,与多所海外学校建立友好合作关系。在教师研修、学生交换、文化交流等方面加强国际交流,引导学生参加游学活动,拓宽国际视野。与此同时,做好宁波市中小学艺术教育联盟工作,完善艺术多元发展平台,深化中澳教育和艺术教育,促进师生国际理解与艺术素养发展与提升。

第三节　三维文化框架的校本建构与解读

通过对学校文化内涵的理论解读与实践来源的分析,我们所要建构的学校文化框架变得越来越清晰,即从价值系统、制度系统、物化系统三个方面去理清学校文化。

一、三维文化建构过程

学校文化不是堆砌起来的,它体现在全校上下的一言一行当中,体现在校内外活动的各个环节,体现在课程的方方面面,体现在各类价值理念、规章制度、行为准则、物态环境之中。如果未经审思与有意识地梳理,文化就会变得散乱而不成系统,无法发挥它的整体渗透性作用。鉴于此,我们着重从系统性上进行文化提炼,大致经历了三个阶段。

第一阶段:反思学校文化泛化现象

自担任校长以来,我就开始关注学校文化发展事宜,希望从文化视角寻找促进学校新发展的生长点。学校文化建设改革尽管进行得如火如荼,成为学校发展的重要途径,但也出现了一些问题,其中突出的是出现"共性不共,个性不个"的现象。[1] 不同群体、不同地域、不同传统都能产生出不同文化来,但有些学校所提出的文化不具备特色,又浮于表面,对学校发展并没

---

[1]　杨九俊.学校特色建设:"寻找属于自己的句子"[J].教育研究,2013(10):29-36.

有起到如虎添翼的效果。在我所参与的另一所高中学校文化建设中也曾出现上述情况，该校由校训出发，构建以"美"为核心的文化框架，但没有形成系统完善的架构，各部分之间的逻辑关联不够紧密，使得该框架成为碎片化，没有发挥应有的"以文化人"作用。

基于上述思考，反观我们学校已有的文化建设情况，因为文化内容范围广、成果多，就有可能出现条块割裂、互补功能不足的问题。这就需要我们寻找一个文化支点，将所有要素整合起来，形成一个互联互通、互补互促的系统，统领整个学校文化。

第二阶段：寻找学校文化建设的突破口

如何从复杂且多变的文化内容中辨析出文化的内核，并据此建构框架，需要我们以理论的眼光审视学校的文化实践。一方面，挖掘校名中"惠利"两字的文化情愫，从理念、制度与物质三个维度来解读其中的文化要义，寻找理论解读的切入点。另一方面，全面梳理近三十年来李惠利中学文化建设的各个方面，从历史积淀到变革创新，从价值追求到物化形态，从个人经验到集体习俗，逐一分析，删繁就简，不断聚焦到这三个维度上来。

第三阶段：融合创生"三维"惠利文化

经由理论与实践探究，又通过学校领导团队的多次研讨，形成学校层面大致的文化框架，然后发动全校教师参与讨论，群策群力，最终架构出完整的"三维""惠利"文化系统，即以价值系统为内核，以物化系统和制度系统为外在表现形式的学校文化框架。价值系统是学校文化的灵魂，主要从"校训""理念""愿景""风尚"等精神层面进行解读。物化系统是对价值系统的形象化呈现，主要通过环境、活动、产品等方面来落实。制度系统是价值系统转化为物化系统的媒介，主要通过规制、规范与习俗等内容对价值系统进行催化，融入物化系统之中。

二、解读"三维"文化框架

我们所建构的三维惠利文化框架，可以用图 1 来形象地展示。

如图可知，价值系统是中心，引领制度系统和物化系统建设，制度系统和物化系统逐步落实与内化价值系统，制度系统与物化系统又互为支持，三者之间构成共生关系。每一个系统都有相对应的文化建设内涵指向，价值系统指明"办一所什么样的学校"的总目标，制度系统强调"这样的学校怎么办"的制度性方法，物化系统重在展现"这样的学校办成什么样"的宏大愿景。

需要说明的是，互动共生的三维框架最终指向"惠利"文化。"惠利"两字不仅是学校捐赠者宁波帮著名爱国人士李惠利先生的名讳，而且字意深远，《说文解字》中有"惠，仁也"的表述，《易经》中记载有"利者，义之和也"。整合两字成惠心利人、仁爱和合之义，饱含对学校人事的美好愿景。

（一）价值系统的引领——校训、愿景、理念与风尚的统筹

学校价值观指学校师生员工在教育实践过程中所推崇的基本信念和奉行的目标，是学校全体或大多数师生员工一致赞同的关于学校意义的终极判断。[1] 学校价值观是学校文化的核心，是一个学校在长期发展中形成的，对学校全体师生员工有着导向和规范作用，为学校的生存与发展确立了精神支持。它是学校在长期教育实践过程中积淀的群体心理"定势"，是学校全体成员共同信守的某种核心观念。它反映了学校在办学、教育中的基本价值倾向，综合体现学校的理想追求、精神气质、行为作风，能塑造和培养成员的价值观念、道德情感、思维方式、生活态度。对李惠利中学来说，"惠利"

1　赵中建.学校文化[M].上海：华东师范大学出版社，2004：300.

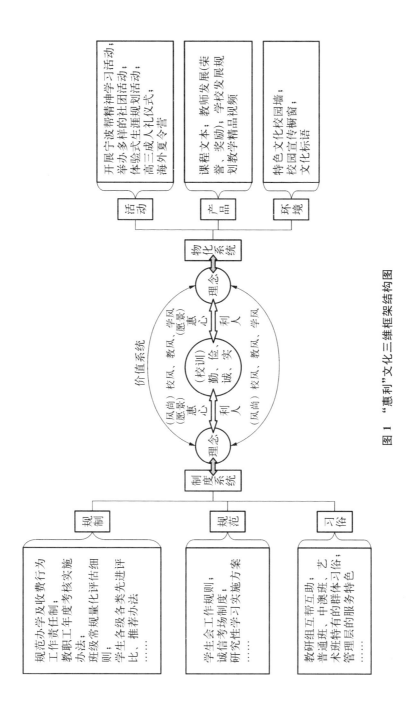

图 1　"惠利"文化三维框架结构图

文化的价值系统集中体现在"校训""愿景""理念""风尚"四个相互联系的内容上。

在价值系统中，"校训"处于统领地位。校训是学校成员所有人的共同追求，是学校着意建树的特有精神的表征。[1] 通过校训可以看到学校的办学理念和精神；通过校训，可以了解学校的文化和特色。[2] 李惠利中学的校训——"勤、俭、诚、实"，是建校之初由李惠利先生提出的，拓展开来，即"勤为本、俭养德、诚立身、实成业"。究其立意，学校以"勤"为训，意在强调，无论读书还是做人，勤奋都是万事有成的根本。学校以"俭"为训，意在教育学生自我约束而不放纵，注重自我的修养，秉持自律的精神，正如诸葛亮《诫子书》中所言——夫君子之行，静以修身，俭以养德。学校以"诚"为训，就是务求师生以诚信为立身的基础，以追求真理、学做真人为读书做人的法度。学校以"实"为训，则是告诫学生必须充实自我，真实行动，以使学业、事业有所成就，进而具备帮助他人的能力。

"愿景"主要指学校的办学愿景，"可以理解为依据现有的条件对组织未来发展景象的有远见的预测与期待，由此学校愿景也就是从现状出发的对学校未来的一种有远见的预测与期待，是学校成员所憧憬的学校未来发展的理想蓝图。"[3]李惠利中学的办学愿景——办一所"惠心利人"的高中——正是学校在当下所描绘的理想蓝图，是"惠利"文化的延展，更是对校训的秉承。"惠心"，即惠人之心，也就是施恩与人的意思；"利人"则是利于他人，即施益于他人，尊重他人利益，且有益于社会。

"理念"即学校的教育理念，学校的教育理念是调控教育思维、管理思维

1   陈桂生."校训"研究[J].宁波大学学报(教育科学版)，1998(1)：29 - 33.
2   刘正伟，仇建辉.学校文化建设：特色与品牌[M].济南：山东教育出版社，2010：42.
3   张桂萍.塑造学校愿景——校长课程领导的首要任务[J].现代中小学教育，2012(3)：59 - 61.

以及师生行为的理想信念,体现出以校长为核心的学校领导团体对学校发展的殷殷期盼。每一任校长,都会将自己的教育理念传递至学校的上上下下。其理念,以继承传统为基础,以变革发展为前进之路。"惠润每一位学生,利泽每一个梦想"是我在校训的解读基础上推陈出新提出的,意在用"惠利"文化的雨露来"惠润"每一位学生,用"惠利"文化的雨露来"利泽"每一个梦想。"惠润"取自《晋书·乐志上》"济民育物,拟陶均;拟陶均,垂惠润",其意为"恩惠、恩泽"。坚持将"惠润每一位学生"的学校文化根植于中华文明"仁者爱人"的价值取向上。此外,在《庄子·天运》中有"利泽施于万世,天下莫之也"的记载,其中的"利泽"有恩德、利益恩泽的意思。"利泽每一个梦想"的学校文化是李惠利中学践行"仁者爱人"的外显表现。

"风尚"有三,即校风、教风、学风。李惠利中学的校风为"诚实惠人,勤俭利他",学校以此作为校风,就是为教育和引导师生:以"诚"和"实"来立身立业,以"诚"和"实"对待他人,来"惠润"他人;以"勤"和"俭"对待自己,从而"利泽"他人。教风为"惠育为本,利导为先",也就是希望用仁心爱德对学生加以养育,在教育方法上则基于每一个学生的个性而因势利导。学风为"自主合作,共惠互利",即将成长权还给学生,突显学生主体地位,重视培养学生的合作意识与合作能力,推进学生彼此受益互惠互利。

(二)制度系统的推进——规制、规范、习俗的保障

制度以其规范约束、调整塑造、激励导向的作用推进学校文化的建设,能规范学校的办学管理,调整教师的教学并促进学生的学习。没有规矩不成方圆,只有拥有一个完整的规章制度,于上,才能确保不脱离学校核心价值的轨道;于下,才能保证学校各方面工作和活动的落实。因此,我们坚守学校核心价值,一方面结合师生的民主意见,通过教职工代表大会确立一系

列有关学校发展、师生成长的制度。另一方面,也通过教育教学实践不断完善各项制度。一般来说,学校制度分为显性和隐性两大方面。显性的制度主要以文本的形式存在,隐性的制度则有约定俗成的属性。进一步细分的话,显性的制度还可分为规制性制度和规范性制度,隐性的制度通常被称为习俗。

规制性制度的指标是"规则、法律、奖惩",通俗来讲,主要指那些带有明显奖惩意味的制度。它以强制的方式规定学校成员做什么或不做什么,换句话说,成员面对制度时,只能做某些事而不能做其他事,倘若没有遵守相关要求,可能会受到一定的惩罚。为确保文化系统的顺利运行,严厉规约行为,体现强制性制度的必要性。就李惠利中学而言,规制性的制度既有关于学校治理方面的,如,事故问责制度、教职工校内申诉制度;也有关于教学质量保障方面的,如,学分管理制度、教坛新秀评比细则、特优教师考核实施细则;还有关于学生成长管理方面的,如,学生违纪行为处分暂行规定、各级各类先进评比推荐办法,等等。

规范性制度是指那些具有说明性和义务性特点的制度,通过道德约束来规范学校成员,驱动学校成员遵从它。成员面对这种制度时,会面临某种责任感的约束,遵从制度会有荣誉感,违反制度则会引起羞耻感。为确保文化系统的顺利运行,除了制度的强制保障以外,从道德层面上对学校成员进行道德性规范也是必不可少的。就李惠利中学而言,规范性的制度既有关于校园安全保障方面的,如,健康卫生制度、教学安全制度、消防安全管理制度;也有关于行政后勤服务方面的,如,环境绿化管理制度、食堂经营规范管理办法、图书馆工作制度;以及教学质量保障方面的,如,减负增效管理办法、青年教师成长方案,等等。

习俗的指标是"共同信念、共同行为逻辑",通俗来讲,是那些由某类群体视若当然、共同理解的认知模式构成。从信念和逻辑的角度来看,这种制度实际上以隐性的形式存在。在这类制度的影响下,学生会理所当然地认为某种行为方式是正确的,与此同时,其他行为方式的出现则不受支持。倘若违反了这一制度,尽管不会受到惩罚或感到羞耻,但当事者会因此惶恐甚至怀疑自我——因为不被大部分人认可。值得一提的是,这类习俗性制度的生发范围有其特定的场所,或者说特定的群体。就李惠利中学而言,中澳班会有其区别于普通班的特定习俗,艺术班也会有区别于普通班的特定习俗;教师群体间的习俗与学生群体间的习俗可能会大相径庭,教师群体与管理层人员之间同样有不一样的习俗。每一个群体因习俗而彼此认可,不同群体因不同习俗而各有特色,制度文化因此而变得多元。

(三)物化系统的搭建——活动、产品、环境的呈现

物化系统是学校的师生员工在各种教育教学、管理生活、课程活动中表现出来的行为、作品,在文化系统中起到了形象展示的作用。物化系统是学校全体成员共同搭建且共同使用的,他们参与活动、展示成果、优化环境,使文化系统有了真实存在的土壤。李惠利中学的物化系统建设,体现了"惠利"文化在当下的延存、交融和发展。文化融于物质,物质本身将作为一种文化因素保证且激励着学校发展。总而言之,学校将办成什么样,主要依靠物化系统的搭建。学校成员身处的校园环境,接触的教学设备,体验到的各种功能区,以及参与的活动,获得的成果都是物化系统的搭建结果。它们是平台,也是载体,主要通过活动、产品、环境等方面来呈现。

活动既有校内的,也有校外的,既有学校组织成型的校内活动,也有学校带队参与的校际活动。从发布形式来看,主要以文本的形式呈现;从体验过程来看,学校成员在活动过程中会接触到各种各样的设备设施,同时体验

到各类感官刺激和情感熏陶；从活动结果来看，活动的结束通常会伴之相应的物质奖励与表彰。从以上角度来看，活动自然算作物化系统的一部分。各式各样的活动，如宁波帮精神学习活动、校内社团活动、体验式生涯规划活动、海外夏令营活动、爱心公益活动、惠利讲堂、惠利学堂等，都丰富了师生的校园生活。

产品主要指学校课程建设、教师发展以及学生成长方面的优秀成果。学校成员因文化建设而受到陶冶，从而遵循理念调整自己的思想和行为，这些思想和行为经过内化和转化后，会进一步显性化为各种成果。就李惠利中学而言，管理层设计有关学校发展与课程建设方面的方案，并在不断实践中产出各类课程与教学成果，如丰富多样的选修课、别具一格的艺术教学模式。教师群体在教育教学实践中生产各类课程与教学产品，如开发满足学生兴趣的校本课程，设计单元教学教案，录制用于研讨的教学视频。学生则在学习过程中通过学业成绩、各类竞赛、文体与社团活动产出各式各样的"奖状""奖励""资格证明"，丰富自己的学习经历。

环境主要指具有育人功能的各类物质条件，包括硬件与软件，如校园基础设施（校园景观、校园建筑）、教学设备与设施、人文环境，以及那些形象标识，诸如校标、校徽、校刊、校歌、学校的官方网站与微信公众号。就李惠利中学而言，软硬件环境建设是同步进行的，从墙面、地表、标语、建筑等方面进行基础设施建设到通过新闻宣传、视听符号等方面进行人文环境建设。

第二部分　惠利文化实践

　　文化的生命力在于实践。经由设计的文化框架需要通过大量的实践，才能充分发挥其育人的功能。自建构三维文化框架以来，我们在价值系统、制度系统、物化系统等方面开展了一系列文化实践，在实践过程中不断反思与总结，逐步调整原有的文化框架，使之更具学校特色。这一部分，主要分系统呈现我们的实践与反思过程，以及从中取得的文化成果。

第三章　价值系统建设

　　学校文化建设是一个系统工程,它涉及到精神层面、制度层面和物质层面。无论学校文化结构层次如何划分,人们大都会把精神层面视为学校文化的核心,我们把它称之为价值系统。所谓学校价值系统,就是以学校为单位所选择和构建的一套相互联系的观念体系。这套观念体系决定着学校教育的性质和发展的方向,是学校发展的内生动力。由此看来,建设优质独特的学校价值系统,对办好一所学校具有首要意义。李惠利中学已有三十年的办学历史,历经四任校长,在学校发展历程中,虽然各位校长各有自己的治校特点和成就,但他们的共同点是都走在建设学校价值体系的路上。作为现任校长,我更是把学校价值系统建设视为学校品牌发展的顶层设计的核心,进而把学校价值系统建设变成一种自觉的、有意识的治校行为。总的来说,李惠利中学的学校价值系统建设是在自觉地思考教育理论、学校历史和学校办学特色的基础上展开的,体现了追求理论视野、历史基础和办学特色三者的统一。

第一节　学校价值系统建设要具有教育理论视野

　　要让学校价值系统建设具有格局和高度,它就必须是一种理论化行为,也就是说,它必须与对教育理论的思考联系起来,让教育理论思考的结果渗透其中,从而赋予学校价值系统的建设以某种教育理论意蕴。

一、学校价值体系建设应具有教育理论高度

作为一种以培养人为指向的特殊活动,学校教育活动相较于社会上的其他活动,例如经济活动,更多地受到价值的引导和规范。对一个教师来说,没有无缘无故的教育行为,一切的教育行为,都折射出某种教育价值观念。即使教师对某种行为背后的教育价值观念没有做出有意识的思考,这种教育价值观念仍然以前见的性质影响着他,正是这种作为前见的教育价值观念影响着一个教师喜欢某一个学生而冷淡另一个学生,喜欢运用一种教学方法而回避运用另一种教学方法,喜欢传授某一种知识而不喜欢传授另一种知识。对一个学校来说,情形亦然。每所学校都有自己的内在特点,这种内在特点可能不是经过学校有意识的概括和建设出来的,而是自然呈现出来的。这种特点可以通过与学校相关的人员的日常语言描述出来。例如,一所高中的学生可能说:"我不喜欢我们的学校,我们学校只关心我们的分数,不关心我们其他的方面。"再如一个老师可能会感慨说:"这所学校升学压力太大了,感觉太累,我想换一所学校。"另外一个家长可能会这样解释他之所以送孩子到一所学校就读的原因:"这所学校非常重视素质教育,孩子可以在这所学校获得更多的全面发展的机会。"这些例子说明,在任何一所学校都会存在各种各样的教育价值观念,它突出说明了学校重视的是什么。

某种教育价值观念以显性或隐性的方式牵引着学校的教育活动或教育行为。在实然的层面上,这种教育价值观念,无论是正面的还是负面的,无论是宣之于口的还是隐藏在心的,都有存在的现实基础或理由。但是从应

然的层面上来看，它或者可能没有经过系统的反思和检查，或者与学校存在的其他教育价值观念彼此冲突，导致彼此之间相互掣肘、压制或伤害，例如，有时候，一所学校的内部可能出现这样的情况：校长在全校大会上慷慨激昂地强调培养学生的创造精神和创造能力的重要性，但台下的一位老师可能会小声地跟同事说："说得那么高大上干嘛，我们的任务就是让学生考上大学，创造性什么的等上了大学再说"。正是在这个意义上，我们说一所学校需要有主动的学校价值系统建设，学校价值系统建设就是指围绕着教育观念问题进行的建设活动。学校文化建设的最终目标是建设一所由得到论证的教育价值观系统驱动的优质学校。学校价值系统建设在根本上是要与学校师生员工一起去发现和创造一种教育意义体系，建设学校教育价值系统即是进行意义建设，这一套意义体系激发学生的精神动力、责任感和使命感。没有这种使命感，工作就是机械的工作，学习就是机械的学习，也很难激发其中的热情、想象和创造性。

在这种意义上进行的学校价值系统建设根本上要思考一些重大的问题，例如：教育的目的是什么？学校存在的根本原因是什么？我们要培养什么样的学生？我们教师要过一种怎样的专业生活？要对这些问题进行回答，教育理论必须介入进来，学校的教育价值观选择首先需要得到教育理论的审视和论证。教育的高度首要在于教育价值观的高度，而一所拥有某种教育价值观高度的学校，必定是一所有教育理论高度的学校。

二、李惠利中学学校价值系统建设的两个理论基点

一所有格局和高度的学校，应该在顶层设计上思考两个基本理论问题，即教育的本质是什么和教育的目的是什么。这两个问题也是李惠利中学的学校价值系统建设的两个理论基点。

（一）教育本质论

学校的价值系统建设，应该回到教育的原点上去思考问题，这个教育原点问题就是对教育本质的回答。

教育的本质是什么？对此不同的教育家有不同的回答。在众多的教育家中，我们把视线投向了美国著名的教育哲学家诺丁斯（Noddings，N.）。我们从诺丁斯那里获得了强烈的共鸣。诺丁斯最为人们熟知的是她的"关心教育学"理论。她认为，关心他人和被他人关心都是人的基本需要，由此诺丁斯确立了"关心"在教育中的中心地位，倡导在学校中建立以发展关心关系为核心的学校教育结构。学校生活是由各种各样的关系构成的，诺丁斯认为，关系中始终包含着"关心"，关心就是对人的利益、动机和情感做出响应，教育就是要不断地建立、维持和增强各种关心关系，并教会学生学会关心，包括关心自己，关心身边最亲近的人，关心与自己有各种关系的人，关心动物、植物和自然环境，关心人类制造出来的物品以及关心知识和学问。

日本著名教育学家佐藤学对诺丁斯的关心教育学思想做出积极回应，他基于对"教育"的词源学分析确立了关心在教育中的意义。"教育"的英文是 education，来源于拉丁文 educare。对"educare"这一词源的解释是：首字母"e"为"出"的意思，ducare 有"引"的含义，所以教育的拉丁文原意即"引出"。教育如同产婆接生一样，把学生身上所有的天赋潜能引导出来。不过，佐藤学却对这种词源学解释抱有抵触感，他认为，"教育即引出"意味着教育的过程是单向性的，它充斥着教育者的傲慢。佐藤学提出了另一种词源解释，他关注"educare"的词根"care"。"care"即关心、关爱、关照、照料等，在佐藤学看来，"（为了对方）而操心"的含义最能反映该词的本质。作为"educare"的教育是一种"操心生命体的生存和成长的活动"。这种教育存在于学生和教师、儿童和成人的相互作用之中，它以"应答性"为基本特征，它是师生对彼此需求和脆弱性的应答。佐藤学的基本论点是,应该围绕着"应答"和"关心"重建教育中的相互关系,即建设"关心和被关心"的关系。佐藤学同时认为,今日使用的"education"一词乃是现代的概念,它的形成是排除了"关心"这一功能、舍弃"关心与被关心"的关系才出现的,这样的教育单纯变成了一种技术性的活动。

佐藤学对教育的词源解读和诺丁斯的理论形成呼应,说明了教育的本质是关心,或者说教育本质上是一种"关心"性的活动。李惠利中学把"办一所惠心利人的学校"作为办学愿景,很大程度上就是建立在对教育本质的这种理解基础上的。我们希望通过这样的办学愿景,让办学回归到教育的原点上去。所谓"惠心",就是"仁心",即仁爱之心。惠心作为仁心是指向他人的,它的本质就是对他人有一颗关怀之心。惠心落实到行为层面,则是要"利人",即施惠于他人和社会。人人做到"惠心利人",则将达到"互惠互利"的社会伦理景观。这种愿景下的李惠利中学,致力于建设关心型的学校关系文化,同时,"惠心利人"也是李惠利中学学子应该具有的基本品质,我们希望,李惠利中学学子的成长过程,是一种把自我的知识学习与对他人的关心服务联系起来的过程。

实际上,"办一所惠心利人的学校"这一办学愿景的提出,并非只是一种基于教育理论的凭空建构,而是有李惠利中学的学校现实文化为基础的。在李惠利中学待得越久,你就会越发感受到李惠利中学是一所温暖的学校,一所有温度的学校,在这方面无论是我还是学校的师生,都有充分的感受。无论是师生之间、生生之间、师师之间,还是学校领导和学校师生之间,甚至学校的一般职工和师生之间,都充满了"关心",这已成为校园里最感人的风景。"关心"已经渗透到学校的日常管理和师生的日常行为之中,并构成了后者的基础。正是"关心"让学校的制度设计和制度执行过程具有了人文意蕴。一些制度是需要学校明确下来的,我把这样的制度称之为硬制度。就这样的制度如何执行的问题,我们提出了"硬制度硬执行"和"硬制度软执行"的思路。无论硬执行还是软执行,都要渗透一种人文考量,其中软执行的存在,为保护师生的心理情绪和利益提供了一种实践空间。例如教师如果因病请假,按照规定必须要扣除相关的津贴和奖金,但是到年底的时候,学校会通过慰问的形式对该教师做一定程度的补贴。再如就贫困生享受补助来说,按照相关规定,享受贫困补助的学生名单是要公示的,学校的做法是,把公示限定在班主任群里,而不把公示扩散到公开场合。这种硬制度的软执行,是"关心"文化在李惠利中学的鲜明体现。就此我曾评论说:"从学校的角度来讲,推行和执行每一项制度,我们其实牢牢地抓住了怎么更好地关心师生。也就是说考虑到他的感受是怎样的,这其实就是一种'惠心利人'。"

关心不但体现在制度的制定和执行上,还渗透到师生的日常生活和行为中。在李惠利中学,人与人之间互相关心的故事,是学校文化建设过程中最感人的资源。这样的故事有很多,例如,2019 年学校校区要翻新,从各种角度考虑,学校行政人员搬到了新的行政楼,但教师们的办公室还是在教学区老的教学楼,而老的教学楼不在这次学校改建范围之内,也就是说,教师们的硬件办公条件没有改善。我担心老师们的反应,曾多次询问老师对这种安排的意见,但是他们对这种安排无人提出异议。他们的理由是,办公室离学生近,可以更好地关注到学生。教师们的办公区在教室的隔壁,把教师办公区安排在这里,最初也是教师自发的建议,并且在老的黄鹂校区,教师的办公区也是安排在离教室最近的。这是李惠利中学的传统,目的是让教师们能够更好地贴近学生,有更多的空间和时间关心到每一个学生。

学校里展现的那种人与人之间互相关怀互相帮助的故事,就是李惠利中学"惠心利人"文化的具体表现。我们把"办一所惠心利人的学校"作为办学愿景，就是希望这样的"关心"文化在李惠利中学继续发扬光大，成为学校越来越靓丽的景观。

（二）教育目的论

因为学校教育是以培养人为指向的活动，所以关于学校应该培养怎样的学生的教育价值观念居于最为核心的地位。这种核心价值观念就是教育目的观念，目的观念是学校办学的出发点，也是落脚点，它最为有力地决定着一所学校的特征、格局和发展方向。因此，学校价值系统建设必须在思想上回应教育目的问题，也即回应培养什么样的人的问题。

1. 超越应试教育

有一种基本的矛盾连接着关于教育目的的讨论，这个基本矛盾就是素质教育和应试教育的关系。关于教育目的的思考，构成李惠利中学进行学校价值系统建设的一条基本主线。这种思考主要围绕讨论素质教育和应试教育的关系展开。

在讨论应试教育和素质教育的关系时，英国伊顿公学的一则故事曾经给我们很大的震撼和启示。英国伊顿公学是全世界最著名的高中学府之一，至今已有近六百年的历史。2005 年，时任伊顿公学校长的托尼·里特来到上海，与中英两国 300 多位中学名校长就一些教育热点问题举行论坛。在论坛上，托尼校长提到英国学校会根据各年龄段学生的成绩高低，对学校进行排名，排名信息会向社会大众公开，排名高低将会直接左右家长选择哪所学校让孩子入学，因此学校事实上承受了很大的成绩竞争压力。但是托尼校长紧接着讲述的一个伊顿公学的故事却让人们很意外。托尼校长说，伊顿公学在全英国学校的排名通常稳定在前十名。但是，曾经有一次，伊顿公学的排名跃升为全英国第一,结果,家长们纷纷打电话到校长办公室,但是,他们不是表达祝贺,而是表达担忧。家长们所担忧的是,伊顿公学已经有几百年的历史了,它在漫长的办学史中,早已建立了自己独特的传统、教育价值观和教学理念,如果学校过于在乎和追求排名,则可能会把伊顿公学变为应试工厂,从而损害和扭曲伊顿公学的传统和教育价值观。

自从学校教育诞生以来,就伴随着考试,考试始终是学校教育的一个基本构成部分,有考试就会存在应试的行为,没有应试的行为,考试便没有了意义。但是,我们需要清醒地意识到,考试本质上是一种手段,而不是目的。有些人可能理解为,有考试和应试行为,就等同于应试教育,如果这样的理解成立的话,则所有的学校教育都是应试教育,但实际上,应试教育的根本要义,在于把手段变成了目的。设想有两个校长,因为考试和应试机制的客观存在及其客观影响力,两位校长都会在乎考试和应试的问题,都会在乎升学率。其中一位校长追求升学率的最大化,并以此为导向追求投入时间的最大化,为此他取消或压缩了与升学率没有关联和关联不大的课程和活动,例如综合实践活动课程、音体美课程、社团活动、课外活动等等。但是另一位校长则在应试之外,还考虑为学生尽可能提供与考试关联不大但是对于提高学生的综合素质具有重要作用的课程和活动。我们可以说,第一个校长所持的教育观是应试教育观,第二个校长所持的教育观是素质教育观,因为他最终是站在教育自身的价值立场上考虑问题。实际上,升学率问题本质上不是教育自身的问题,不是一个教育学问题,它更多是一个社会问题和社会学问题。如果一所学校办学的唯一驱动力来自于应试,如果一个校长眼里只有升学率竞争,那么我们可以说这所学校或这个校长虽然是在从事教育,但其已经远离了教育的立场或教育学的立场。中国教育过分由应试主义和分数至上主义来驱动,这可能是中国教育的常态,但它并非是正常的,某种意义上来说反而是病态。

对应试教育的上述反思构成李惠利中学进行学校价值系统建设的一个前提,因此超越应试教育导向成为学校价值系统建设的指导原则。作为一个校长,我不断地提醒并强调,学校价值系统的建设"不应仅仅关注一般性竞争优势"。所谓关注一般性的竞争优势,核心就是关注升学率竞争,这种竞争必然会把学校导入到应试教育的轨道,进而越走越远。我们要建设的学校价值系统,应该能引领我们恢复教育的正常状态,在这条路上,人们聆听教育使命的内在召唤,坚守教育的内在立场。正是基于这种考虑,李惠利中学的学校价值系统陈述,都力避体现应试教育的色彩。

2. 回归古典教育目的

学校要培养什么样的人,在逻辑上这是作为学校或教育人首先要思考的问题,这个问题之所以重要,是因为它涉及到教育目的和学校的育人目标,也涉及到一所学校存在的价值合理性。

当前我国把"立德树人"作为教育的根本宗旨,从学理上来看具有根本的价值合理性,因为它连接起了我国教育的古典目的,即教人怎么做人。可以说,"教人如何做人"是我国传统教育的根本目的,是中国传统教育文化精神的核心所在,从这点上可以理解为什么我国的教育相对于西方教育更强调道德教育。"教人学做人"属于道德教育的范畴,当然学校教育不限于道德教育,中国传统教育也会有技能教育和知识教育,但是"教人学做人"这一教育宗旨具有统领作用,技能教育和知识教育要会通到"教人学做人"这一宗旨上去。一个人即使专业知识和专业技能再强,如果离开了学做人,他在本质上也是一个小人。同样,如果一种教育过于注重知识教育和专业技能而忽视道德教育,轻视在教育怎么学做人方面下功夫,那在中国传统教育的视域内这种教育也是不合格不完整的教育。但这恰恰是现代教育存在的问题,现代教育过于强调教育的知识和技能维度,而忽视了道德教育的维度,即淡化了"教人学做人"这样一种古典目的。

在对"立德树人"这一教育宗旨的学习和把握过程中,我们就是关注了立德树人和这种教育古典目的的联系。关于应该培养什么样的学生,李惠利中学的校训已经给出了部分的答案。一个人的一生要回应两件大事:一是如何做人,二是如何做事。做人在先,怎么做人在根本上决定了怎么做事。李惠利先生用他的一生,用他作为商人的成功经验,体悟出做人和做事的关系,并把他的体悟浓缩为"勤、俭、诚、实"四字。李惠利先生把这种体悟延伸到家庭教育当中,让这四字要诀变成家训,规范指导家庭成员的日常生活和日常做事。等到他办学时,他又希望把这种体悟延伸到学校教育中。李惠利中学把这四字体悟作为校训,就是要继承李惠利先生的精神,把对"如何做人"和"如何做事"间关系的思考作为学校永恒的教育问题和课题。"勤、俭、诚、实"四字在李惠利中学不但是学校勠力倡导的的工作作风,我们更是把这四字与对中国传统教育文化精神的思考联系起来,与领会和落实"立德树人"的教育宗旨联系起来。从学理上来说,德育之所以处于教育的首要位置,就是因为教育要首先回应"教人如何做人"的问题,教育的本质在于教人育人。而"如何做人"的问题不是一个技巧问题,而是一个伦理问题。"勤、俭、诚、实"就是学校从伦理层面对学校"教人如何做人"做出的历史的和现实的回答,是对做人的规格做出的概括陈述,我们要致力于培养李惠利中学的学生具有"勤、俭、诚、实"的道德品性。

学校在考虑育人目标时,主要是从两个角度切入探讨。首先正如上面所述,是结合对中国传统教育精神和当代"立德树人"教育宗旨的理解,从道德教育的维度把"勤、俭、诚、实"作为李惠利中学设定的统一的育人规格,这是从共性上对李惠利中学学生做出的共同要求。但是,我们的育人目标同样关注到了个人发展的维度。进入高中阶段的学生,处于人生重要的转折时期,这是一个学生个体特征日益彰显的时期,学生的自我意识已经发展到了一定的高度,他们对自己的能力、兴趣爱好等都有了一定程度的理性认知,也因此开始考虑自己的人生道路或发展路向。高中生这样的一种身心特点,必须成为我们高中阶段教育的一个思考的基点。李惠利中学在持续认真思考高中教育的本质和任务的过程中,不断地完善自己的教育理念或办学理念。早在2009年,前任校长毛建平就提出了"让教育适合学生"的教育理念,这一理念的提出,实际上就是确立了"以学生为本"的教育价值观。当时提出"让教育适合学生"的理念,侧重考虑的就是要为学生个体发展和成才提供多元化的途径、机会和资源。到了2016年,我在总结学校办学历史和研究前任校长毛建平教育理念的基础上,补充了"让学生成就梦想"的教育理念。这个理念更为明显地体现了要为学生的个体发展提供多元化舞台的教育意图,因为梦想毕竟是个体化的,学生成就的是个体的梦想。"让学生成就梦想"就把"让教育适合学生"的理念所包含的在教育价值观上关注学生个体发展的侧面更为具体化和清晰化了。这样,"让教育适合学生,让学生成就梦想"就成了2016年之后学校明确的办学理念。当前,在"惠利"文化这一体系构架下,我们提出了"惠润每一个学生,利泽每一个梦想"的文化理念,这一说法不是要改变"让教育适合学生,让学生成就梦想"的学校办学理念,而是对这一理念的补充和延伸。

第二节　学校价值观系统建设要体现历史文化传承

宁波市李惠利中学虽然是一所办学仅三十年的学校,但它是一所拥有自己独特的历史和文化特质的学校,这种独特性是需要围绕捐助者李惠利先生来加以讨论的。在宁波市的中小学校中,以人名来命名的学校已不多见,而宁波市李惠利中学是以李惠利先生的名字命名的学校,是全市唯一一所由"宁波帮"人士命名的普通高中,这直接凸显了李惠利中学的特殊之处,凸显了李惠利先生在宁波市李惠利中学办学史上的特殊地位。

一、用"惠利"两字统领和规范学校价值系统的思考和表达

李惠利先生是香港著名实业家,祖籍宁波(现在的宁波市鄞州区钟公庙铜盆闸村),出生在上海,后赴香港发展,终事业大成,被誉为"钟表大王"。李惠利先生是"宁波帮"代表人物之一。所谓"宁波帮",泛指由旧宁波府所属之鄞县、镇海、慈溪、奉化、象山、定海六县在外地尤其是海外的商人、企业家结成的群体。"宁波帮"是中国传统的"十大商帮"之一,是中国近代最大的商帮群体,其最有影响的代表人物有世界级企业家包玉刚、邵逸夫等。宁波帮人士爱国爱乡的情结浓烈,不夸张地说,改革开放后,宁波帮人士曾支撑起宁波教育的一大片天空,其中李惠利先生的助学义举,就是宁波帮人士反哺家乡的典范之一。作为"宁波帮"人士,李惠利先生对宁波有特殊的感情。尽管出生在上海,人生事业的主线都在上海和香港,但他热爱家乡宁波,曾任香港甬港联谊会及宁波旅港同乡会名誉会长,他对宁波的热爱,从其在香港和家人之间说话都是用宁波话可见一斑。

李惠利先生事业发达后热心于公益事业,尤其热心于兴办教育和卫生事业,单以"李惠利中学"命名的学校,就有三所,除了宁波市李惠利中学外,还有创办于香港和上海的"李惠利中学"。在宁波,以他的名字创办的教育机构,除了1990年创办的李惠利中学外,陆续还有李惠利幼儿园、李惠利小学、李惠利中专等。实际上,这个热心于兴学的香港名人,从来没有上过一天学,他自己感慨说,如果他曾经读过书,可能事业发展得会更好。这种没

有读过书的遗憾,是激励李惠利先生不遗余力兴学助学的内在推动力。没有读过书的遗憾,升华为服务社会的伟大的公德心,升华为公益助学的伟大理想。

宁波市李惠利中学创办之时,宁波市教育委员会为表彰李惠利先生的善举,立"惠利乡井,造福桑梓"碑文,碑文中的"惠利"两字,不再是指一个名字,而是借用来表达一种品行。现在,该碑文被刻在李惠利中学的门厅大墙上。实际上,"惠利乡井,造福桑梓"这八个字早在 1988 年就已出现,这年李惠利先生开始提议在宁波创办一所中学,同年的八月,便有以"李惠利中学"的名义为李惠利先生订制过红木匾盒,上题"李惠利先生惠存:惠利乡井,造福桑梓"。

之所以专门提及"惠利乡井,造福桑梓"这八个字,是因为我之前提出的"惠利"文化这一概念,灵感就来自于这八个字。2016 年,在我刚刚接任李惠利中学校长的头一年,有一次我在校园里转悠,转到学校大厅时,看到大厅里的"惠利乡井,造福桑梓"八字碑文,突然灵感来临,看到其中的"惠利"两字,一下子找到了方向。随后就此跟学校领导班子商议,与学校师生座谈调查,大家都对用"惠利"两字概括和表达学校文化深为认同,认为这意味着学校的文化建设连接上了学校的根基,因此最终讨论定下了"惠利"文化这一名称。

李惠利中学的学校文化系统建设首先从对"惠利"两字的解读开始。"惠利"两字所蕴含的伦理学意义可以构成李惠利中学学校价值系统建设的根基和灵魂。李惠利本身是一个普通的人名,但在李惠利中学,"惠利"则被拓展为一种伦理概念,李惠利中学借由对"惠利"两字的文化含义的解读,开启了对学校文化的顶层设计。

首先"惠"和"利"两字被拆开解读并从中国传统文化中寻找解释依据。

寻找依据的过程免不了要引经据典。"惠利"两字被拓展为"惠润"和"利泽"两词。单讲"惠"字,今天更多地把"惠"理解为好处,在动词意义上理解为给予好处。不过,从词源学上来分析,"惠"的本义是指仁爱,《说文解字》曰:"惠,仁也。"惠的本体意义是"仁"。众所周知,在中国传统文化或儒家价值体系里,"仁"是最为核心的价值概念,其基本的内涵是泯其小我,不专谋一己之私利。也就是说,"仁"是一种品质,一种在中国传统文化中被置于核心地位的伦理品质,是否拥有这种品质是界定一个人品性高下的核心标准,拥有"仁"这种品质的人被称之为君子,即能为他人、为群体利益着想的人。与君子相反,小人则是只看重自己,只为自己谋私利的人,也就是远离了"仁"的人。一些古典文本中对"惠"的内容作了更为具体的界定,例如《周书·谥法》中说:"爱民好与曰惠,柔质慈民曰惠。"《孟子》曰:"分人以财谓之惠。"《贾子道术》中又说:"心省恤人谓之惠。"《周书·谥法》里讲的是评定谥号的准则或标准,也就是说,被评定"惠"这个谥号的人,需要有"爱民好与""柔质慈民"这样的品格。《贾子道术》中对"惠"的界定与此类似,即"惠"代表着一种品格,即"心省恤人"。《孟子》是从行为上对"惠"加以界定的,惠是对"分人以财"这样的行为的称呼,也就是说,"惠"体现了一个人的内在和外在的统一,内在是指"爱民""慈民"和"体恤人",换成现代的话来说,是发自内心地关怀他人,这种内在品性的具体表现是"好与",是"分人以财",也就是说,关心行为要具体化,就是从他人的利益处着想。

"利"是一个会意字,其从刀、从禾,表示以刀断禾之义,后引申为利益。我们也可以从中国传统典籍中找到有关"利"的不同说法。关于"利"字,最为人所熟知的是孔子在《论语·里仁》中的说法,即"君子喻于义,小人喻于利",意思是君子所看重的是道义,小人所看重的是利益。这句话影响中国人心理甚深,往往导致君子取向者羞于谈利。但实际上,孔子并非一味轻视利,无论是君子羞于谈利,还是小人专谋一己之私利,都是割裂了"义"和"利"的统一关系,"义"也要外化为"利","利"应由"义"加以规范和引导。《易传》上说"利者,义之和也",这里的"和",即"统一"的意思,这句话是指"利"应由"义"统摄,达到"义利"的相互统一。

使用"惠利"文化这一概念,一方面是向李惠利先生致敬,另一方面是要借用"惠利"这两个字的文字意蕴,表达学校的教育价值观诉求。"惠利"是一个中心词汇,学校价值系统的思考,都要会通到"惠利"的文字意蕴上来,学校价值系统的表述,都要和"惠利"两字连接起来。按照这样的思路,学校"办学愿景"最终确定为"办一所惠心利人的学校","学校精神"确定为"共惠互利","办学理念"确定为"让教育适合学生,让学生成就梦想","文化理念"确定为"惠润每一位学生,利泽每一个梦想","校风"确定为"诚实惠人,勤俭利他","教风"确定为"惠育为本,利导为先",学风确定为"自主合作,共惠互利"。

二、传承李惠利先生的"勤俭诚实"四字校训

无论大学还是中小学,一般都会有自己的校训。"校训"一词是一个舶来的概念,其对应的英文名称是"motto",这一英文名词更为我们熟知的翻译是"座右铭",因此,一所学校的校训就是这所学校的座右铭。顾名思义,座右铭被放置在座位的右边,方便我们时时看到,它的作用或是自警,或是激励,或是指南。总之,对于个人来说,座右铭的存在是为了时时提醒我们端正自己的思想和行为。同样,作为学校"座右铭"的校训,通常被刻印在学校最醒目的地方,供学校师生时时注意,时时提醒要端正自己的思想和行为。另外,把"motto"翻译成"校训",是非常贴切的,它清楚表达了校训的"训"的性质,"训"即法则、规范。校训,就是学校的法则。它的存在,是为了

规范人的思想和行为。

校训因其所积淀的学校历史和文化的信息而备受学校敬重和珍惜,提出或制定校训的人,大多是在学校发展史上有一定影响力的人物,有的是学校的创办人,有的是某一位校长,或者是某一位教育名人。制定校训的人,往往借由校训表达对教育的某种人文主义的诉求。我们观察和评价一所学校,不止看他的外在,更应看他的人文。了解一所学校的校训,是从人文层面透视一所学校的一把钥匙,因为校训往往是学校人文精神的凝练和体现。

在李惠利中学的校园里,矗立着一块球形的大石。大石的外形是由球体支托、键盘组合成的一本书。石头上分别用楷书、隶书、篆书等不同字体,采用阳刻、阴刻两种手法雕刻着"勤、俭、诚、实"四个字。书形设计寓意学校是读书之地;用不同字体雕刻"勤、俭、诚、实"四字校训,代表中国传统文化,寓意学校师生要谨遵校训,拥有传统文化素养;球体喻为地球,又喻为大脑,寓意学生要拥有世界眼光;键盘代表一种输入,意味着学生要有一种真诚吸收的求学态度,同时,在信息社会背景下,键盘也意味着科技,它寓意学生要拥有科技精神和科技态度。这四字校训是由李惠利先生亲自制定的。顺便说明的是,紧随李惠利中学创办之后于 1991 年创办的宁波市李惠利小学的校训同样是"勤、俭、诚、实"四字,也是李惠利先生亲自制定的。

李惠利先生把"勤、俭、诚、实"四字同时指定为中学和小学的校训,由此可见这四个字在他心中的分量。据李惠利中学的老教师回忆,当李惠利先生为校训揭幕时,他抚摸着这四个大字良久,颇为激动。

李惠利先生不但把"勤、俭、诚、实"四字作为李惠利中学的校训,而且,这四字实际上也是李惠利家族的家训。李惠利自己对这四字校训的解释是:学习工作都需要勤力用功;俭朴是致富强身之道,积少成多,不浪费一分一毛,这是宁波人的传统美德;诚实是做人的基本道理,"待人以诚、律己以严"是交朋结友之道。

"勤、俭、诚、实"四字就是李惠利先生的人生写照。作为一个生意人,李惠利先生认为这四字也是他几十年的商业成功之道。1988年,李惠利先生来宁波时曾语重心长地说,他刚到香港时,是白手起家,经商那么多年,靠的就是"勤、俭、诚、实"这四个字,一步一个脚印,才有今天的成功。李惠利先生被称之为"钟表大王",经济实力较为雄厚,但他的财力并不是一夜得来的,而是白手起家一点一滴积累起来的,财富积累的过程,正好践行了"勤、俭、诚、实"的人生信条。例如以俭朴而言,虽然李惠利先生在捐资助学上往往慷慨无比,但实际上他个人生活却节俭异常,与其富贾形象格格不入。其自己和家人都不沾烟酒,不搓麻将,日常起居自持,在餐馆请客吃饭,所剩饭菜总要打包带回家里,烧煮后再吃,平时吃水果,好的给孩子客人吃,差的留给自己吃。

李惠利先生把"勤、俭、诚、实"四个字举为学校校训,以之勉励学校师生员工。李惠利中学的首任校长董五川先生依据此校训曾经制订了李惠利中学的学校"四风":教风学风严谨勤奋,生活作风节俭朴素,思想作风真诚进取,工作作风实事求是。

今天的李惠利中学基于中国传统文化,又进一步对这四字校训做了系统解释。简而言之,我们把"勤、俭、诚、实"解读为"勤为本、俭养德、诚立身、实成业"。所谓"勤为本",即或在读书,或在做人,勤奋都是万事有成的根本,学校以"勤"为训,立意即在于此。所谓"俭养德",则出自于诸葛亮之《诫子书》的说法,"夫君子之行,静以养身,俭以养德"和《左传·庄公二十四年》的说法,"俭,德之共也"。"俭"意味着自我约束不放纵,强调注重自我的修身,秉持自律的精神,这是学校以"俭"为训的本意。所谓"诚立身",就是强调要诚实、真诚,真实是为人处世的一种极其重要的态度。学校以"诚"为训,就是务求师生以诚信为立身的基础,以追求真理、学做真人为读书做人的自我法度。所谓"实成业",则是告诫学生必须充实内在的自我,并外化为行动,以使学业、事业有所成就,进而具备帮助他人的能力。

"勤、俭、诚、实"作为一种座右铭,时时提醒学校师生员工需依其规范检视自身之思想行为。校训代表了一个看不见的李惠利中学,它渗透在学校师生员工的心灵中,并透过办公室、课堂里老师勤奋的身影、严谨的工作态度表现出来,透过莘莘学子课堂里认真的听讲、一丝不苟的作业表现出来,透过师生的日常待人接物表现出来。

同时,"勤、俭、诚、实"也作为一种育人价值取向被整合进了学校的育人目标之中。"勤、俭、诚、实"四字都是伦理学词汇,与如何做人有关。这四个字朴实,但放在中国传统文化中也具有普遍的人生哲学意义,它浓缩了绵延在中国人的文化脉络里的人生观,这些人生观跨越时空,具有永恒的价值。培养学生"勤、俭、诚、实"的品质,就是培养具有中国传统文化气质的中国人,它所体现的是中国人的劳动价值观念和人生观念,不仅具有传统意义,而且可延伸到未来。

第三节　学校价值系统建设彰显校本办学特色

《国家中长期教育改革和发展规划纲要(2010—2020 年)》中提出"鼓励学校办出特色"。就我们的理解来说,鼓励学校办出特色就是鼓励学校进行创造性和个性化的教育。在这种政策导向和驱动下,大多数学校尤其是发展到一定程度的学校,都比较注意打造形成自己的办学特色,在这一点上,李惠利中学也不例外。如何促进形成和彰显自己的办学特色,这是我们进行学校价值系统建设的又一个思考视角。从一个校长的角度,我一直强调学校的可持续发展不能通过获得一般性的竞争优势来体现,也不能一味着眼于分数竞争和排名竞争,而是要通过正确教育价值观引领下的学校特色建设来实现。我们希望学校的办学特色在学校价值系统建设中得以彰显,也希望通过学校价值系统的建设推进学校办学特色的建设。以促进形成李惠利中学的办学特色为取向,我们突出强调了两点:以办学理念推进办学特色,以"风尚"建设彰显办学特色。

一、办学理念要彰显办学特色

把学校价值系统与学校特色建设联系起来的一个基本思路是办学理念要彰显学校办学特色。因为"理念"这个概念所指涉的内容比较宽泛,所以人们往往是在不同的内涵和意义上使用"办学理念"这一概念的。有的学者在极其宽泛的意义上使用"办学理念"概念,例如他们认为"如今许多学校在设计办学思想时都把办学理念当做一个单独的条目,与学校发展目标、培养目标'一训三风'等内容并列使用。其实这是一种误用。如果我们把办学理念独立出来,那么'一训三风'等是什么? 它们就不是办学的理念了吗? 办学理念不是'单数'而是'复数'。它应该是表达学校价值追求的一个结构清晰、逻辑连贯、层次分明的体系"。[1] 这样理解的办学理念就基本上等同于甚至超越了我们要讨论的整个学校价值系统,它把核心理念、学校使命、学校精神、学校定位、学校愿景、校训、品牌标志甚至宣言誓词等都包括在内。还有学者认为办学理念就是"学校发展中的一系列教育观念、教育思想及其教育价值所追求的集合体,是学校自主建构起来的教育哲学。"[2] 这样的界定未免更失之于笼统,它把所有的教育观念都囊括在内,尤其是"集合体"本身是

1 沈曙虹.办学理念的内涵与结构新解[J].江苏教育,2013(39):22-25.
2 郭元祥.论学校的办学理念[J].教育科学论坛,2006(4):5-8.

个模糊的概念。实际上，"办学理念"及其陈述是高度概括性的，它可能重点表达了某种核心教育价值观念，其它观念、价值追求和思想等受其影响并塑造自身。

另外有学者认为办学理念就是"校长基于'办怎样的学校'和'怎样办好学校'的深层次思考的结晶"。[1] 这种界定的局限性也是显而易见的，似乎它认为提出办学理念就是校长的事。确实，校长要在提出和设计办学理念的过程中承担领导者的角色，但是办学理念最终应该是学校的办学理念，不应过分凸显校长在提出学校办学理念中的个人作用，即使办学理念首先是由校长提出来的，如果它要以有意义的方式和力量存在，也要转化为学校共同的教育理念。另外，如果不考虑"愿景"这个词，则学校理念同时涉及"办怎样的学校"和"怎样办好学校"这两个重大问题是可以的，这两个问题是相互关联的，回答任何一个问题，必然也会联系到另一个问题。但如果要考虑"愿景"这个概念并且要和"愿景"做出区分，则学校理念不是要回答"办怎样的学校"而是回答"怎样办好学校"这个问题。"办怎样的学校"这个问题更多要留给"愿景"去陈述，"愿景"就是思考办一所怎样的学校，并在头脑中描绘蓝图，有了愿景之后，就要考虑如何实现这种愿景。愿景的实现不是等待出来的，而是靠我们的行动达成的，这就涉及到学校办学理念的问题。学校理念就是我们头脑中的那幅蓝图，它指导我们如何采取行动，本质上来说，办学理念是学校师生员工行动的最高准则，它指导人们沿着办学理念所设定的准则和方式朝着实现愿景的方向行动。

在当前的李惠利中学学校价值体系中，文化理念被陈述为"惠润每一位学生，利泽每一个梦想"。对这一文化理念的基本解释是：承认每个学生都

1　付晓秋. 办学理念与理念办学[J]. 中小学校长，2003(9)：21-22.

是一种独一无二的存在，一个怀揣着个人梦想的独特存在，每个学生的梦想就是他发展的方向和力量。因此，应该是让教育适合学生而不是让学生适应教育，学校要为每个学生铸梦提供机会，创造条件。

这一文化理念不是凭空产生的，它是建立在李惠利中学既有的教育实践基础之上的，是对李惠利中学既有的办学特色的一种概括。概而言之，李惠利中学在办学上已经形成了"一体两翼"的格局或模式，这种模式就是学校最为外显的特色。所谓"一体"，就是普高；所谓"两翼"，就是中澳班和艺术班。其中中澳班是浙江省普高第一个"双学籍·双课程·双语教学"的中外合作办学项目，是省市教育主管部门首推的高中中外合作办学项目，已成为目前国内最大的澳大利亚澳洲高中教育文凭（VCE）课程学校。通过中澳班和艺术班，李惠利中学帮助无数学子圆了留学梦和考入艺术类院校的梦想，依托中澳班和艺术班，李惠利中学发展出了国际教育和艺术教育的特色。

"一体两翼"办学格局的形成，就是对"惠润每一位学生，利泽每一个梦想"鲜明的实践诠释。近年来，李惠利中学不断提出新的教育构想和举措，以进一步把"惠润每一位学生，利泽每一个梦想"的文化理念落到实处。这其中战略性的思路就是为有特殊兴趣、特殊才能和个性化成长需要的孩子建立个性化成长方案，这是李惠利中学区别于一般高中学校之处，是学校的特色之一。建立个性化成长方案的核心，就是学校要为学生的个性化成长搭建各种平台和提供针对性的帮助。其中具体的措施主要体现在三个方面。首先是建平台，例如学校建立了人工智能创新实验室，一些在计算机方面有特殊兴趣和特长的孩子被吸收进该实验室中，再如建立各种社团，有不同兴趣和特长的学生被吸收到不同的社团中，社团就是有共同兴趣和特长的孩子组成的一个学习平台和学习共同体。另外，学校还积极开办各种活动,例如艺术节,借助这些活动平台,学生们拥有了展示自己的专长和兴趣的机会和舞台。

为了更充分地实现对学生的个性化培养,学校还致力于打通学校内部和学校之间的各种连接,这是实现促进个性化成长的第二种举措。这种举措在李惠利中学被称之为"建通道"。建通道的一个具体的措施就是建立普高班与中澳班、艺术班的连接,即普高班学生与中澳班、艺术班的学生,只要符合资格,可以相互转班。另外,对于充分地实践个性化成长方案来说,一所高中总是会存在各种资源和能力的限制。虽然李惠利中学为学生开发的各种课程资源和学习平台之丰富已经超越了众多高中,但是依然会存在各种短板或不足。为了弥补这种缺陷以更充分地实现对学生的个性化培养,作为"建通道"的另一个举措,学校积极建立校内和校外的连接,包括与职高的衔接和与大学的连接等,例如学校针对科研感兴趣的学生建立了一个名为"科技新苗"的项目,在 2019 年的科技新苗项目中,学校就聘请了宁波大学的龚一富教授指导学生进行无土栽培方面的课题研究和论文写作,学生胡腾耀、叶萌萌、邵品愉合作的课题《探究不同浓度海水对无土栽培生菜生长和品质的影响》获得宁波市第三期科技新苗培养计划三等奖。

促进学生个性化成长的第三种措施就是加强选修课的课程开发。具体的做法就是在调研的基础上为学生提供一些受他们欢迎的选修课程,例如开发了一些小语种课程,包括日语、德语和法语,此外学校还开发了如编导、播音和主持等选修课程。

建立个性化成长方案的效果是十分显著的,例如人工智能创新实验室已经孵化出一些富有成效的研究项目并为学校赢得了一些全国级和省市级的荣誉。另外,这种培养方式的效果也明显地反映到选考科目的选择上,例如每年度的校艺术节中会有一个微电影比赛,比赛会评选最佳导演奖和最佳微电影奖。李惠利中学几个考上或有志于报考北京电影学院编剧、摄制等专业的学生，都曾获得过最佳导演或最佳影片奖，再如选考技术的学生也有参与社团的相关经历。

二、学校"风尚"彰显办学特色

一所学校的办学特点，不仅体现在它的课程、教学和管理的创新，而且体现在由师生行为所反映出来的精神气质上。这种精神气质及其外在表现就是一所学校的"风尚"。这里说的"风尚"就是通常所说的"三风"，即"校风""教风"和"学风"。一所学校可能没有"校训"，但一定会存在"三风"，因为校训是有意识提炼并书写的，而"三风"是即使没有经过有意建设，也一定会以自然的状态客观存在的。

作为一种风尚，"三风"就像流动的空气一样弥漫在学校的景物之中，渗透在一个人外显出来的态度、行为举止、习惯等之中。"三风"实际上并不是并置关系，而是一种包含关系，即校风包括教风和学风。著名教育家顾明远先生主编的《教育大词典》中曾经给"校风"下过一个定义，认为校风就是"全体师生经过共同努力，在长期教育、管理中逐步形成的，相对稳定的精神状态和思想作风，是一个学校领导作风、教师作风、学生作风的集中反映。"[1]在这个定义中，校风主要是通过学校里的人体现出来的，教风和学风归属于校风，除此之外，校风还包括领导作风等。

关于教风和学风，也有不同的理解。以教风来说，"教"可以指"教学"，也可以指"教师"。如果教风专就教学而言，就是专指教师的教学工作作风，例如教师教学是否认真、是否有奉献精神、是否爱岗敬业等，如果教风指的

1　顾明远.教育大辞典[Z]上海：上海教育出版社,1998：1733.

是教师的作风,则教风除了包括教学工作作风外,还包括教师的生活作风、做人的作风。以学风来说,"学"可以专指"学习",也可以指"学生"。如果学风专就学习而言,主要是指学生学习的风气,但有些学者也把教师的学习包括在内,认为学风还包括教师的学习风气。如果"学"指的是"学生",那么学风除了包括学生学习的风气外,还包括学生的生活作风和为人的作风等。我们要谈论的"教风"和"学风",尽量是从广义角度来谈论,即"教风"建设是以"教学作风"为核心,包括教师的生活作风和为人的作风,而"学风"建设则以师生的"学习风气"为核心,还包括学生的生活作风和为人的作风。

学校的"风尚"即校风、教风和学风是学校价值系统的一部分,在李惠利中学,"校风"被概括陈述为"诚实惠人,勤俭利他","教风"被概括陈述为"惠育为本,利导为先","学风"被概括陈述为"自主合作,共惠互利"。这些陈述是由"惠利"两字来统领的,它吸收了"惠利"两字的内涵。"惠利"文化的核心是在学校创造一种"关心"的学校文化,用惠利精神来统领的学校风尚建设,就是致力于围绕着关心来改造学校师生的思想行为。"风尚"驱动学校发生积极的变化,这些变化体现在学校的制度、课程、教学、管理方式、校园环境等多方面。但是学校不会自动产生变化,能变化的是人,学校的变化即是人的变化,从这个意义上来说,风尚建设归根结底是人的建设,风尚对学校发展的驱动根本上是对人的驱动。构建一套学校价值观念体系并不是学校价值系统建设的目的,学校价值体系建设的意义在于占有,而占有的终极形态就是人在思想上内化并在行动上践行它,从而变成学校实实在在的风尚。

第四章 制度系统建设

　　制度的产生源于人类社会生活的需要，它规定着人与人之间、机构与机构之间互动的方式，是人类社会生活的刚性框架。任何一种制度的产生和形成，无论是自生自发的，还是有意设计的，都反映了某些文化的轨迹或文化的需求。从这个意义上说，学校制度是学校文化的集中反映，反映着学校组织的基本信念、价值观念、道德规范和管理哲学。在学校改进过程中，建立合理而完善的学校制度是规范学校社会生活的基本保障。反之，如果制度不完善，缺乏对随意行为、机会主义等观念的制约或惩戒，可能会造成非预期的、集体性生活的灾难，并在一定程度上损害或遏制制度创新性。如前所述，李惠利中学"基于学校文化的校本改进研究"，构建了"价值系统、制度系统、物化系统"三位一体的框架。其中，制度系统隐含着"这样的学校怎么办"的制度性方法。制度能规范学校的办学管理，调动教师的教学状态并促进学生的学习状态，以其规范约束、调整塑造、激励导向的作用推进学校文化的建设。总之，整个文化系统，不能缺少制度的支撑与推进。基于对学校改进的思考，我们找准方向，集思广益，制定制度；创建抓手，层层分工，落实制度；及时总结，不断改进，完善制度。

第一节　制度系统建设的内容分析

要改进学校,提升学校的发展水平,制度是不可或缺的重要一环。要从根本上抓住制度这把"利器",就需要对制度本身有一个清晰的认识,并明确制度建设的具体内容。

一、学校制度的内涵

"制度"一词出自《易·节》"节以制度,不伤财,不害民",这里的制度指的是在一定历史条件下形成的法令、礼俗、规范等。《辞海》中对"制度"一词的解释为"其一,要求成员共同遵守、按一定程序办事的规程或行为准则。如:工作制度、学习制度。其二,在一定的历史条件下形成的政治、经济、文化等各方面的体系。如:社会主义制度"。[1]《现代汉语词典》解释"制度"为"要求大家共同遵守的办事规程和行动准则"。[2] 综上,虽然对制度的解释略有不同,但是可以看出关于"制度"内涵的一个共通之处是将制度定义为要求人们共同遵循的行为规则体系。这种规则体系源于社会生活,也是稳定的社会关系的反映,是用来调节社会生活中人与人之间的关系的。[3] 制度形成后对于人们的行为具有一定的强制性或约束性,要求人们共同遵守这些行为规则。

学校是社会生活存在的一部分,涉及教育管理者、教师、学生、家长等利益相关者,所以学校也需要建立起完善的学校制度来调节利益相关者之间

---

[1]　夏征.辞海语词分册(上)[M].上海:上海辞书出版社,1977:158.
[2]　中国社会科学院语言研究所.现代汉语词典[M].北京:商务印书馆,1996:1622.
[3]　冯建军.学校公共生活中的制度建构[J].南京社会科学,2020(11):132-140.

的关系。这也是社会制度在学校生活中的具体体现。结合制度的内涵以及学校的特点,可推出学校制度是要求师生、教育管理人员等共同遵守的一系列规则体系,其目的是通过规范和约束相关人员的行为,协调学校组织内各种关系,以此确保学校各项教育教学活动的顺利进行,促进学校有特色地可持续发展。

二、学校制度系统建设的基本要求

学校制度除了具备制度的一些基本特点如强制性、约束性等,从学校制度的内容建设分析,学校制度还应具有一定的系统性、价值性、教育性等特点。

(一)学校制度建设应具有系统性

学校制度的主要目的是促进各项教育教学活动顺利进行,其最核心的内容也反映在教育教学管理制度上,如教学管理制度、校本教研制度、学生评价制度等。当然,教育教学活动的开展还需要人、财、物等方面的支撑,因此学校制度还应包括一些具有保障性的制度,如学校组织结构与治理制度、校园安全保障制度、行政后勤服务制度等。这些制度共同构成了学校制度系统。

"没有规矩不成方圆",只有拥有一个完整的规章制度,才能确保不脱离学校核心价值的轨道,才能保证学校各方面工作和活动的落实。李惠利中学一方面秉持学校核心价值,一方面结合师生的民主意见,通过教师代表大会这一主要平台,确立了一系列有关学校发展、师生成长的制度。同时,以最高章程为校内基本"宪法",以人的发展完善为主要基准线,在最高章程的基础上对各类教学、管理制度进行细化。基于多年的实践,编制出台了涵盖学校全方位的管理制度《宁波市李惠利中学管理制度汇编》,让学校成员共同遵守相关制度,促进学校的科学治理,保障学校教育教学工作的顺利进行。

(二)制度系统内容应彰显学校的价值理念

作为一种调节人与人之间的规则体系,制度外在表现的是一些静态的、对人具有一定约束性的规章制度,但内在隐含的是一定价值理念和文化现象对这些规则体系在制定和实施过程中的指引。因为"学校制度是一种理想的制度设计,其目的服从于教育理想,于是问题就转化为了我们要培养什么样的学生?要办一所什么样的学校?"[1]对这些问题的思考和回答体现着学校的教育价值理念,而学校的教育理念和文化传承则指引着学校的各项规章制度。所以学校制度是人们关于现代学校教育价值观念的反映,是人们价值选择的外在表现。

学校制度是教育价值理念的体现,这些价值理念与学校文化是密切联系的,当学校制度和学校文化融合之后,就形成了一种制度文化。这种制度文化能把学校的价值理念外化为师生员工的自觉行为,从而形成一种独特的、其他学校难以模仿的学校核心价值观。[2]学校制度的顺利实施并不能简单地依靠外部强制力量实施,而是需要依靠教师和学生积极认同并主动实践,这就需要师生对制度背后的价值理念进行认识和理解。合乎教育理念的学校规章制度才能获得师生的认可和遵守,才有利于将学校制度内化,以此充分发挥制度的功效。李惠利中学在制定和调整学校制度时以"惠利"文化为指导,始终坚持制度人本化的管理理念,通过"以人为本",实现"惠润每

---

1 褚宏启.我们需要什么样的现代学校制度[J].教育研究,2004(12):32-38.
2 杨全印.学校文化建设:组织文化的视角[D].上海:华东师范大学,2005:30.

一位学生,利泽每一个梦想",强调"民主对话代替威权管理,情感交流代替职业冷漠,互惠实效代替形式固化",促进学校的每个成员自觉遵守相关制度。

（三）学校制度建设应体现育人性

教育性是学校制度的根本特性,也是学校制度区别于其他制度的根本所在。[1] 学校的一切教育教学活动都是以教书育人为目的,学校制度作为教育教学活动的重要组成部分,理应以立德树人为目标,以促进学生全面、充分、终身发展为宗旨。所以学校制度的宗旨应该是为学生的学习行为、道德行为、生活规范等做出具体的指引和规定。这些制度内容得到学生的认同后引导学生积极向善,推进学生养成良好的道德品质和文明习性。教师的评价制度、教研制度等的最终目的也是为学生服务。通过相关教师制度的实施能促进教师工作积极性的提高,与教师教育教学行为的改进,使教师能够发挥教育的正向作用,引导学生向善。所以,合理、科学的学校制度要为"学校道德教育提供明确、稳定的价值指南,推进道德自由的实现,促进制度规约与道德认同的良性循环,与时俱进地推进育人工作的创新与实践"[2]。学校制度体现育人性的特质是学校管理制度可持续发展的动力来源。

（四）学校制度建设应将硬制度与软制度相结合

关于学校制度内容的分类,不同的分类标准可以做出不同的归类,从学校制度内容实施的对象看,可以分为教师管理制度、学生管理制度、后勤管

1　冯建军.学校公共生活中的制度建构[J].南京社会科学,2020(11)：132 - 140.
2　冯永刚.学校制度文化育人的价值意蕴及其实现[J].教育科学研究,2018(5)：89 - 92.

理制度，从学校制度的表现形式看，可以分为成文的正式制度与约定俗成的非正式制度，也称为显性制度与隐性制度。结合学校制度的表现形式、内容属性，我认为学校制度内容建设应该是硬制度与软制度的统一。

所谓学校硬制度，一般指的是一些正式的、成文的显性制度。硬制度通常是由学校师生和教育管理人员有计划、有目的地设计与制定出来的，要求学校学生和教职工普遍遵守的规章制度，这种制度具有一定的强制性。学校硬制度有些是依据法律法规或者为了响应上级教育教学管理部门的要求制定的，这些制度有它自身的规范性要求，是学校必须有的。有些是根据学校自身发展需要必须制定的一些制度，希望通过这些硬制度的核心内容去规范学校。所以硬制度通常是学校明文规定的具有一定体系的"有形的""可见的"学校制度，一般包括学校的组织管理条例、教师和学生日常管理制度、教育法律法规等。学校在制定硬制度的过程中，假设教师和学生可能会突破一些底线，触犯一些要求，所以就必须要采用硬制度的形式来规范、约束，使得学校管理变得有序。可见，硬制度的目的是为了规范师生的日常行为的，是必须做到的，需要采用"硬执行"的方式。一旦师生违背了这些硬制度，就要受到相应的惩戒。这样，学校制度的"硬执行"可以确保学校硬制度的权威性和公平性，让学校硬制度真正落实在学校的教育教学活动中，防止人为把硬制度变成软制度，确保学校硬制度的权威性和公平性。

软制度一般是非正式、比较隐性的或者是对教师和学生发展提供支持的制度。非正式的、比较隐性的制度体现在对学校的各种规章制度、岗位职责的执行管理的过程中，一般表现为学校教育价值理念、教育教学伦理道德、校风等。这些软制度具有一定的内生性和渐进性，难以设计和改变。软制度具有"软性"的约束性期待，一般属于道德范畴，如"学校师风师德建设"

等。这一类型的软制度通过长时间的磨合，潜移默化地影响着学校的教育教学管理和学生的行为，逐渐成为学校教师和学生心目中认同的价值取向和行为准则。一旦师生违背了这些软制度，可能就会受到道德的谴责和师生、家长等舆论的影响。此外，我认为支持教师和学生发展的一些制度也属于软制度，这些制度一般是激励性、选择性的，是学校根据自己的实际情况对教师和学生的发展制定出一些措施，这些制度一般会以文本的形式制定出来，以此来确保措施的顺利实施。

学校硬制度与软制度是相互联系的，是统一于学校制度的大框架下的，二者缺一不可。一方面学校需要一些硬制度来确保教育教学工作的正常运行，硬制度以其执行的坚定性和遵守的严格性来确保制度的公信力和执行力。但是硬制度的执行还需要有软制度的支持，所制定的制度需要有习俗文化来服务。学校可以通过约定俗成的习俗、价值理念来引导主体对学校各项制度的认同，使得主体逐步由他律转向自律。在制度育人的过程中如果我们过于强调制度的强制性，运用硬执行的方式来督促教育教学，必然会抑制教师的教学热情、学生的学习动机，而一些软制度可以强化学校人文关怀的意识，有助于将制度规约与道德关怀紧密结合起来，达成学校制度文化"为了人、发展人、完善人"的目的，实现功利教育到人性完满的回归与转变，将学校营造成学生健康成长、自主发展、幸福温馨的乐园，扎实推进学生的自由全面发展。[1] 所以，软制度是学校制度不可或缺的一部分，学校制度需要体现将文本制度与习俗等结合起来塑造学校的制度文化，使得学校的各种教育教学思想和教育管理思想逐渐凝结，为学校各项活动和工作提供依据。

1　冯永刚.学校制度文化育人的逻辑向度[J].山东师范大学学报(社会科学版),2020(5)：135－144.

第二节 软硬制度及其建设案例

学校制度建设是提高学校管理水平的基础性工作。同时我们认为"学校制度的目的不是纯粹为了制约教师和学生,更重要的是通过制度可以增强师生的内省意识,提高师生的自律能力,以此增强学校的凝聚力和战斗力。"[1] 为此,李惠利中学的学校制度结构主要是以"惠心利人"为价值引领,将硬制度与软制度相结合,形成"刚柔并济"的学校制度结构,以此使得学校在管理过程中有章可循、按章办事、规范高效。

一、李惠利中学学校制度结构体系

基于对学校文化、教师队伍、学生成长等的系统性认知重构,形成了李惠利中学学校民主治理制度、教学质量保障制度、学生成长管理制度、校园安全保障制度、行政后勤服务制度、特色办学管理制度等软硬相结合的学校制度结构。

(一)学校民主治理制度

学校组织结构建设是学校制度建设的重要内容,是学校正常运行的组织保障。李惠利中学注重学校的民主治理,注重让相关利益者共同参与到学校的教育教学决策中。因此,明确了学校治理的基本理念是民主治理。基于多年的学校内部组织结构建设经验和现在学校内部治理的需要,学校在实行党委—校长—教职工代表大会三位一体的体制基础上,确定学校的治理机构和各机构的岗位职责,依据规定设置校办、政教处、团委、教务处、

1　高益民.学校文化凝练[M].北京:教育科学出版社,2012:117.

总务处、国际课程合作中心、艺术中心等职能部门。各职能部门设主任和副主任各1名,按照"分级管理,分工负责"的原则,在校长的领导下分别承担相应的管理职能。通过职责的划分,建立起结构清晰的组织架构、权责分明的职务制度,确保学校各管理机构职责明确,分工合作。

此外,为确保学校治理的民主,学校还颁布了相关的一系列文本制度,如校务公开制度、重大事项集体议事制度、教职工代表大会制度、家长委员会章程等等"硬制度",希望通过这些制度尽可能让利益相关者参与到学校教育教学活动的决策中,营造出权力共享、多方参与的制度氛围。具体实践如学校根据发展需要和办学特色,设置由家长、社区及共建单位等组成的教育议事会,作为学校的决策、咨询或协调机构,参与学校重大问题的决策,配合学校开展日常教育教学工作,共同完成培养学生的任务。此外,为达到信息透明化,学校尽可能建立健全信息公开制度,实行校务公开,切实保障教师、学生的知情权、表达权、参与权和监督权。同时向社会公开学校相关信息,以适当方式为学生及其家长了解学生的学业成绩及其他有关情况提供便利。

在学校治理结构制度的建设中,李惠利中学通过采用硬制度的方式对学校各治理机构的职责进行清晰定位,并且制定出一系列确保民主治理方式运行的硬制度,以此为学校的现代化治理进程奠定制度基础。

（二）教学质量保障制度

为了提高教学质量,必须加强对学校教学的精细化管理。首先,加强教学的组织建设。明确教研组和备课组在教学管理与教学研究中的定位,加强教研组的指导功能,强化备课组在教学中的研究与管理功能,将教学研究与管理的重心放在备课组,并为此制定了李惠利中学教研组规范、集体备课制度、教科研工作细则、教师教学规范等制度。其次,制定支持鼓励措施。

教师教学专业能力的提高需要有促进教师专业发展的支持性措施和激励性措施,学校相应出台了一系列促进教师专业成长的硬制度,如青年教师成长方案、校本培训实施方案、学科师徒结对制度、教坛新秀评比规则等。

学校的课程体系与教学管理也是影响教学质量的重要因素。李惠利中学这些年积极推进选课制、走班走校制、学分制等工作,加强对学生课程选择和生涯规划的指导,制定出学校走班教学、选修课巡课听课、学分管理等制度,为学生全面而个性化的发展提供支持。此外,学校严格执行国家教育考试制度,组织开展教学质量评估工作。按规定组织好教学质量检查及各学科的考试和考查,并出台了相关的学校考试制度、学生综合评价制度等,通过多元的学生评价,充分发挥评价的导向和激励作用,促进教育教学质量的提高。

(三)学生成长管理制度

科学的学生管理可以为学生自主全面发展提供有序和宽松的环境。为规范学生在学校的基本行为,需要对学生的日常行为规范制定一些必备的硬制度。学校针对学生的日常行为制定了学生学习规范、学生一日常规细则、班级常规量化评估细则、学生考试考场规则、住宿生管理制度、学生手机使用管理、违纪行为处分暂行决定。这些硬制度让学生在进入学校后对于自己该做什么、不该做什么、做了会怎么样有清晰的认识。

为促进学生的成长,仅有一些基本的硬制度去规范学生还是远远不够的。学生的成长还需要有教师的引领与同伴的协助。学校基于对学生全面发展与终身成长的需要,还从学生实际出发,制定了一系列为学生发展提供指导、辅助、支持的软制度,如李惠利中学社团管理制度、学生导师制度、学生发展指导工作制度、团委工作制度等。通过这些制度从不同方面对学生进行指导,及时解决学生思想上的问题、学习上的障碍、生活中的困惑以及升学的迷茫,促进学生全面而有个性的成长。发展指导工作制度规范了不同年级与不同的阶段在身体成长、人格成长、学业成长等方面的关注重点,高一年级关注适应指导,高二年级关注转折期辅助,高三年级关注高考冲刺支持,明确课程、班会、活动、讲座等多种实现途径。

(四)校园安全与行政后勤服务制度

完善、科学的校园安全和行政后勤服务制度是师生正常开展教育教学活动的重要保障。学校基于规范办学、为师生提供优质服务、创建"平安校园"的理念,分别建立起校园安全保障制度和行政后勤服务制度。

在校园安全保障制度方面,注重加强和改进学校安全工作,积极开展以《条例》为主要内容的"四防"教育、法制教育等宣传培训教育工作,努力提高教职工的安全防范意识和法制意识,保证学校教育教学活动的正常进行,维护学校和教职工、学生的合法权益,保障师生的生命和国家财产安全。与此相应,我们制定了学校内部治安保卫的工作细则、门卫工作制度、校园安全巡逻、教学安全、消防安全管理等硬制度,以此来加强学校的安全管理。此外,还制定了校园安全应急预案,定期开展安全教育,组织安全演练,保障师生在人、财、物等方面的安全。

行政后勤服务方面,首先是对于学校行政方面做了一些规范,建立起学校公章使用管理、信息宣传、文书处理、档案室与医务室管理等制度。其次,学校对食堂经营、环境绿化、"节能减排"等做出了详细的规范,尽可能为师生创建良好的校园生活环境。

(五)学校特色办学管理制度

我校是浙江省普通高中第一所"双学籍、双通道、双语教学"的中外合作办学项目学校,也是浙江省首批艺术特色学校。为进一步凸显"中澳国际教育"与"艺术教育"双特色,学校制定了与此相关的制度。在中澳合作办学方面,制定国际课程合作中心工作职责与办学章程、中澳班学生教育教学管理办法、学生行为管理细则、学业评价等制度,以此规范中澳班的教育教学行为。在艺术教育方面,研制艺术教育中心工作职责、艺术教师聘用、艺术教师管理等制度。为培养学生良好的艺术素养和高雅的艺术气质,促进艺术教育的有效开展,学校还明确了艺术教育教学规范,即通过"四个一"活动,分别是"每周一歌(歌曲)大家唱、每月一品(艺术精品)大家赏、每学期一舞(校园集体舞)大家跳,每年一节(艺术节)大家演",达到"四个会"(会唱歌、会跳舞、会欣赏、会表演)的目标。

二、学校硬制度与软制度建设案例

为了进一步体现我校硬制度与软制度相结合的学校制度结构体系,本书以学校手机使用管理硬制度、教师专业成长硬制度、"交互式立交桥"学生成才软制度、学生校长助理软制度四个具有特色的案例进行阐释说明。

【案例1】

学生管理硬制度——学生手机使用管理条例

校园手机管理一直是学校管理中比较棘手的一个问题,该不该禁止学生带手机,如何解决学生需要在校内使用手机的难题等亟需思考。为营造一个良好的学习生活环境,促进学生的健康成长,基于手机管理"疏比堵好"的理念,结合我校实际,特制定《李惠利中学学生手机使用管理条例》。条例如下:

1. 原则上不允许学生携带手机等电子产品来校。确实有非常特殊

的原因需要携带手机等电子产品(含只有短信和电话功能的老年机)的,需家长来校向班主任讲明原因,提出书面申请,并承诺规范使用,学生、家长、班主任老师签字认可后交政教处审核,由政教处审核通过后,方可携带手机等电子产品来校。

2. 学校将在通过审核的手机背面张贴标签,并公示相关信息。

3. 已获批准带手机进校的走读学生,进入学校后必须立即将手机等电子产品关机并上交至指定位置,并在确认单上签字确认;离校时从指定位置取回,并签字确认。已获批准带手机进校的住宿学生,进校时立即将手机等电子产品关机并交到宿管员指定位置,并在确认单上签字确认,离校时从指定位置取回,并签字确认。

学生进校后在将手机等电子产品交到指定位置前,手机等电子产品应保持关机状态。期间有违规使用行为的,立刻取消带手机资格并做违纪处理。

4. 走读学生取回手机后不准在校逗留,不得在校园使用手机,如有违反,一经查到一律取消携带资格,并给予警告处分。

5. 学生在校期间,包括周末自主性学习或考试期间违规使用手机,仍然按照学校关于手机管理的规定执行,严禁随身携带手机等电子产品进入考场,一经发现(无论开机与否)按考试作弊论处,该科考试成绩记零分,并给予记过及以上处分。

6. 未获批准的手机严禁携带入校,一经查到,第一次学校代为保管至学期结束,经班主任同意后,由家长取回,并给予警告处分;第二次学校代为保管至一年后由家长取回,并给予严重警告处分;第三次学校代为保管至高中毕业后取回,并给予记过处分,记入学生档案。

7. 经学校批准同意携带手机的同学,如果未按规定上交,或是违规使用,一经查到一律取消携带资格,并给予警告处分。

8. 住宿学生如有违反手机使用规定的,在按规定处理外,第一次发现停宿一周,第二次发现取消住宿资格。

9. 如有学生违反手机管理规定的,一律品德等第降一等,取消所有评优评先资格。

10. 学校会采取定期和不定期相结合的方式对学生、教室、寝室进行检查。

为解决学生有急事需要联系家长这一问题,学校也采取了有效措施帮助学生。首先,在两个校区的教学区、学生宿舍全部装了公用电话,方便学生跟家长联系。其次,在学校保卫处配置固定电话与手机,方便学生有急事联系家长。此外,为避免学生在上学路上使用手机,我们想办法让学生在上学路上有事可做。如鼓励与引导学生在乘公共交通来回的路上,利用学校开发的平板教学软件,做一些带有游戏性质的(同学之间相互竞赛)的习题,让学生把路上的时间充分利用起来,减少学生牵挂手机的时间,降低学生在时间和空间上使用手机的概率。当然,针对特殊的课程,允许学生携带手机在课堂上操作,如"手机摄影"选修课,就需要学生带手机进行学习。

由于学校手机管理制度针对特殊情况带手机进行了说明,对于违反手机使用管理的情况会有哪些惩戒也做出了明确规定,制度在实施之后得到了学生普遍的认可,学生违规带手机的情况逐渐减少。当学生有急事时,会主动地采用学校配备的电话、手机。学校因为手机问题引起的师生矛盾、管理问题减少了很多。

【案例2】

教师专业发展硬制度——青年教师专业成长方案

近年来,学校根据《宁波市教育局关于实施中小学(幼儿园)青年教师队伍建设"曙光工程"和"卓越工程"的若干意见》,为促进青年教师成长,成立了"惠利"青年教师发展研究会。同时还制定了《青年教师专业成长方案》这一硬制度。这一制度强调为促进教师的发展,学校实施面向教龄一年以内新教师的"专业适应"行动、面向教龄2至6年教师的"专业胜任"行动和面向教龄6年以上青年教师的"专业成熟"行动,以此全面提升青年教师课堂教学能力和班级管理能力。制度内容如下:

(一)"专业适应"行动

1. "专业适应"行动面向教龄一年以内新教师。

2. 新教师应当坚持深入课堂,做好对老教师课堂的听课工作。每周至少听老教师一节课。虚心接受老教师随堂听课检查,认真听取评课指导意见和建议,服从集体备课要求,在老教师的指导下拟定授课计划,反思和解决教学中的各种问题。

3. 新教师在每学期结束时提供听课记录,并在每学期结束时提供一篇本学科的详细课例分析。

4. 新教师在老教师的指导下,做好亮相课、汇报课工作。新教师的亮相课、汇报课和各级公开课,必须在老教师的帮助下认真备课,保证亮相课、汇报课、各级各类公开课的质量。

新教师有协助结对老教师部分作业、试卷批改的义务,自行命题的测试、考试的试卷请指导教师审阅。认真做好期中、期末质量分析,提出问题,请老教师协助解决。新教师每学期期中(或期末)前,向老教师汇报教学工作的开展情况,明确下一步的工作目标和任务。

5. 新教师应虚心向老教师请教,积极参与新课程改革,积极探索自主高效课堂模式。

6. 新教师应坚持教学规范,课前应提前写好教案,主动请老教师指导。课后应及时完善教案,总结教学得失。

7. 新教师应从各自的实际出发,明确发展目标,制订自身成长计划,及时解决工作中的问题,促进自身的成长。成长计划应经老教师指导后,交教务处、政教处、教科室存档。

(二)"专业胜任"行动

1. "专业胜任"行动面向教龄2至6年教师。

2. 青年教师应当坚持深入课堂,做好对老教师课堂的听课工作。每学期各类听课总数应在15节以上,其中本学科听课不得少于1/2,并在每学期结束时提供听课记录。青年教师在教龄2年的第一个学期结束时,应提供一篇对自身学科教学的详细课例分析。

3. 教龄3年内青年教师应虚心接受老教师随堂听课检查,认真听取评课指导意见和建议,服从集体备课要求,在老教师的指导下拟定授课计划,反思和解决教学中的各种问题。

教龄3年内青年教师有协助结对老教师部分作业、试卷批改的义务,自行命题的测试、考试的试卷请指导教师审阅。认真做好期中、期末质量分析,提出问题,请老教师协助解决。教龄3年内青年教师每学期期中(或期末)前,应向老教师汇报教学工作的开展情况,明确下一步的工作目标和任务。

4. 教龄 3 年内青年教师在从事教学工作第二年,要求逐步确定一个在实践"以学定教"课堂模式教学中困惑的问题,以其作为主攻方向,展开调研和课例分析,形成小课题雏形,实现校内小课题立项,在学年末提交校内小课题立项申请。

5. 教龄 3 年内青年教师应积极参与新课程改革。在从事教学工作第三年,应进行小课题的开题、研究、中期报告、结题论证和推广工作,并在学年结束前完成结题报告。教龄 3 年内青年教师在从事教学工作第三年,应结合学校特色和需要,开发一门校本课程进入校内申报流程,并接受课程开发的指导。

6. 教龄 4 到 6 年青年教师应积极参加教研组活动,虚心听取教研组评课指导意见和建议,服从集体备课要求,在教研组长、备课组长的工作指导下拟定授课计划,反思和解决教学中的各种问题。

7. 教龄 4 到 6 年的青年教师应积极参与新课程改革,积极探索自主高效课堂模式,每学年完成一篇教学论文,并在 3 年内结合学校特色和需要,开发一门通过校级审核的校本课程,3 年内同时针对自身教育工作及学科教学提出和完成一项校级课题。

8. 青年教师应坚持教学规范,课前应提前写好教案,课后应及时完善教案,总结教学得失,接受教研组、教务处的教学质量检查。

9. 青年教师应在教研组安排下认真备课,做好组内公开课工作,通过各级各类公开课提升自身教育教学质量。青年教师应在教研组的推荐下,积极参加各级各类教育、教学、科研竞赛。

(三)"专业成熟"行动

1. "专业成熟"行动面向教龄 6 年以上青年教师。

2.青年教师应当坚持深入课堂，做好听课工作。每学期各类听课总数应在15节以上，其中本学科听课不得少于1/2，并在每学期结束时提供听课记录。

3.青年教师应虚心听取教研组、学科专家评课指导意见和建议，服从集体备课要求，在教研组长、备课组长的指导下拟定授课计划，反思和解决教学中的各种问题。

4.青年教师应积极参与新课程改革，积极探索自主高效课堂模式。青年教师应积极投身教育教学科研工作，每学年完成一篇教学论文，每3年针对自身教育工作及学科教学提出和完成一项校级课题。

5.教龄6年以上青年教师应积极参加各级各类教育教学竞赛，学校通过各类培训为青年教师提供成长支持，通过各级各类教育教学竞赛选拔青年骨干教师。学校优先对青年骨干教师在职学历或学位提升提供予以经费支持，提升学校教师队伍的学历学位水平。学校在青年骨干教师申报基础上，优先为青年骨干教师配备学科专家导师。学校鼓励并积极推进青年骨干教师与优秀教育教学学校展开的合作和访问学习，优先选派青年骨干教师到国外高水平教育地区进修学习。

学校针对青年教师出台的这一硬制度对不同阶段教师应承担的任务做了详细的规定，并采取一系列的举措促进教师的专业学习和成长，为青年教师尽快适应学校的环境、融入教育教学岗位搭建了平台，帮助青年教师找到了方向感。同时这些要求也提高了教师专业发展的积极性，形成了学校不同教龄青年教师梯队发展的格局，加速了青年教师自身的专业发展。

【案例3】

学生发展软制度——"交互式立交桥"学生成才模式

依托学校办学特色、师资和设施,学校采用打通交互式通道的方式和社团课程创建两大路径建立起促进学生个性化成才的软制度。

在打通交互式通道方面,学校主要创设了三个通道:借助本校力量打通普高班与中澳班、普高班与艺术班之间的互通通道,借助外界力量打通普高教育与职高教育的互通通道。

第一,普高和职高通道主要通过学校和宁波经贸学校的合作来实现。宁波经贸学校的学生可以转入李惠利中学,普高的学生也可以转入经贸学校进行学习。目前,主要是经贸学校的学生转入我们学校接受普高教育。截至目前已经成功试点了5届学生,共有61人从经贸学校进入李惠利中学学习,其中2届学生已经顺利毕业,有些学生升入理想的高等院校,本科率保持在60%以上。普职融通的通道圆了一批职高学生的"普通大学梦",受到了学生和家长的好评,同时也为普职融合的育人模式提供了一定的实践范例。

第二,借助学校与澳大利亚墨尔本黑利伯瑞学校合作举办的中澳VCE课程国际班这一平台,打通普高和中澳班的通道。在高一年级结束前,普高的孩子如果有留学国外的意愿,可以转入中澳班就读,通过一年半的中澳班学习,申请澳大利亚或其他国家的大学名校。比如,2017年一名从普高转入中澳班的学生考入加拿大多伦多大学。当然,中澳班的学生也可以根据自己的意愿参加国内的高考,升入国内的知名大学。

第三,利用"浙江省首批艺术实验学校"的优势,打通普高和艺术班的通道。艺术班中成绩优秀的学生,尤其中考成绩在艺术班招生时排名前

15名的，可以选择到普高班级就读。这样的通道模式，不仅使艺术生能更好地提高文化课成绩，而且能带动所在普高班级的艺术氛围并提高普高班级学生的艺术素养，最终提高全校师生的艺术素养，实现特色项目向全校特色的辐射和引领。当然在艺术班就读的学生，或是在普高班级就读的艺术特长生，在选择大学专业志向时可以选择艺术道路，也可以选择普通高考之路。在普高就读的其他学生也可以根据自己的意愿转入艺术班就读，强化艺术训练，走上艺考之路。学校始终开放这个交互式通道，每一届普高都有不少学生通过这条通道考入北京电影学院、中央戏剧学院、中央美院等国内著名艺术院校。

在社团方面，学校鼓励与引导学生创建自己的社团。近几年来，学生创建了文学社、英语社、动漫社、汉文化社、模联社、编程社、戏剧社、摄影社、爱心环保社、魔方社、心理社、战略兵种研究社等20余个社团。这些社团由志同道合的学生组成，通过各种活动，有些学生逐渐明晰了自己的兴趣和特长，这些兴趣和特长甚至成为他们的专业志向。因为所有的社团活动都是学生一手操办，教师只在关键点上给予一些指导，全面锻炼学生的各种能力。2018届毕业生毛同学曾是学校摄影社社长，平时喜欢摄影，作品曾获宁波市二等奖，也喜欢拍微电影，作品曾获得学校微电影大赛最佳影片奖、最佳导演奖，还拍摄过学校宣传片。他的志向就跟电影有关，最后顺利通过北京电影学院影视摄影专业校考，并被录取。

【案例4】

学校管理软制度——学生校长助理制度

为了建立学生与校长有效的沟通交流机制，学校推出学生校长助理岗位,实施学生校长助理制度,明确校长助理的工作职责,分别是收集学生对学校德育、教学、科研、管理、服务、校园环境等方面的意见信息,及时通知相关职能部门,并协助相关部门进行答复、处理;了解和掌握学生思想动态,结合学校重点工作和同学关注热点,协同有关部门分析调研,做好学生思想工作;参与学校、学生有关制度的起草、修订、宣讲并配合落实学校有关学生发展的政策、制度与举措;列席涉及学生利益的重要决策性会议和活动,为决策提供意见和建议;定期与校领导、学生代表等召开交流会,进行沟通和专题研讨;每年教代会、双代会提交相关议案;接受校长委托、布置的其它工作。

学生校长助理并不是随意挑选的,一般需要经过学生自主报名、公开考核、竞聘上岗等程序。公开考核主要是对学生的日常表现进行考查,竞聘则采取无领导小组面试,主要考察候选人现场执行力、协调能力、创新能力和团队合作能力等,真正选出关心学校发展、服务同学成长、工作能力突出、综合能力拔尖的校长助理。

在选拔完成后,就要让校长助理开始参与学校管理,为学校的发展服务,做同学的朋友、校长的助手,做"惠利"文化的传播者。学校要求校长助理在为期一学期的工作中发挥与学生群体紧密相连的优势,及时向学校相关部门反映学校管理中存在的问题或同学当中存在的不良现象,可借助学生干部、学生社团的力量创造性地开展工作。学校搭建"与校长有约"平台,让校长助理发现的问题能得到有效的处理。所谓"与校长有约"就是校长助理每月与校长共进一次午餐,向校长反映学生们在学习和生活中遇到的问题,提出解决方案,征求校长意见。比如近几年通过这种方式,及时解决了直饮水机供应开水、校园地砖破碎、阅览室图书更新、食堂订餐制度和饭菜质量等问题。

值得一提的是,近些年校长助理还负责学校"惠兰壹基金"("惠兰"取李惠利先生和其夫人唐文兰姓名中各一字而得名)的运营。一方面,募筹惠兰壹基金。校长助理与校学生会、各学生社团联合开展筹款活动,如"收集废瓶"、组织爱心义卖,将所得钱款注入惠兰壹基金。另一方面,利用惠兰壹基金开展公益活动,如利用基金购买相关学习用品和复习资料,寄给在新疆支教的老师,捐给新疆的学生。

近些年,学生校长助理制度的实施进一步推进了学校民主管理,更好地发挥了学生在学校发展中的建设作用,完善学校与学生之间通畅的信息反馈体系,提高学生的主体意识与自主能力,增强学生对学校的认同度与信任感。

第三节 制度建设过程: 制定、实施与更新的统一

"学校制度是最稳定的、最便于把握的、最有利的管理手段",[1]我们需要利用制度把学校建设好,把学生培养好。在软硬制度建设方面,我们有了一些经验,但要保证制度的可持续性发挥其育人功能,还需要我们把握好整个建设过程,即保持制度制定、实施与更新的统一。下面结合学校制度建设的实际案例来阐述制度建设各个环节是如何实现统一的。

---

1 胡惠闵.校本管理[M].成都:四川教育出版社,2007:129.

一、保持制度制定的开放性与民主性

制度的制定是制度顺利实施的保障,为了确保学校制度不会变成"一纸空文",就需要在最初的制定环节上下功夫。学校制度是否可以解决实际的问题,与制度制定的程序民主性有很大关联。现实中一些学校制度的出台往往只是少数领导主导的,或者是几个"秀才"起草的,没有广泛征求师生意见与建议,体现民情民意民智不够。[1] 所以,为确保学校制度的可行性和合理性,我们在制定制度时特别注重程序上的民主。比如学校在组织绩效工资制定与更新时采取了一系列确保程序的民主与开放性的方法,具体措施如下:

(一)摸清"家底"是根本

作为学校绩效工资方案的制定者,必须摸清两个"家底"。一是总额是多少,二是必须留出多少备用金。总额决定了学校可以用来做方案的"蛋糕"大小,有些费用必须留出来,不能参与奖励性绩效工资的分配,比如:加班费、高三暑假周末的补贴费用等,这些费用是含在总额中的,要根据学校历年来的情况进行测算,并从总额中予以预留。这样实际可以操作的金额是预留了一些必须开支的"二蛋糕"。

(二)调研"底线"是关键

作为学校的主体,我们都期待绩效工资能给那些真正爱岗敬业、教书育人、为人师表、业绩斐然的老师们带来真正的切实利益。还需要平衡不同立

---

1 褚宏启.制度为什么重要:教育法治化与学校制度建设[J].中小学管理,2019(8):60.

场教职员工的利益。我校在推进绩效工资改革中安排了一个很重要的环节,就是全校教职员工都做了份调查问卷。调查的主要内容有:一是在"大蛋糕"中需不需要预留出过节费,如需要,预留多少比较合适。二是年级组长、教研组长的费用一个月多少比较合适。三是班主任的费用是否需要跟年限相关。如需要相关,每个阶段的班主任费用多少比较合适。四是中层干部的津贴多少比较合适。这些问题的调研提供了一线教职员工的呼声,同时从中也可以摸清教职员工的"底线",为学校方案的制定提供参考意见。

(三)把准"心思"很重要

这个"心思"就是一线教职员工对绩效工资改革的内心真实想法。因为对于多数追求责、权、利高度对等的一线教师来讲,他们所焦虑的并不是绩效改革本身,而是如何保证绩效考核的公正公平。这也是管理和决策者最大的难题。公平游戏、公平竞争——在学校绩效工资改革面前仍要如此。付出的劳动无论是体力的还是脑力的,每个人都期盼有个公平的待遇。所以,要实现一线教师和二线教辅人员之间的平衡,否则抬了这头,压了那头,反而会引发更深的无法调和的矛盾。

(四)不怕"麻烦"是法宝

这个不怕"麻烦"就是要多次召开不同职称、不同背景、不同身份、不同教龄的教职员工的座谈会,听取他们的意见,并把有关意见及时吸纳到方案里。我校的奖励性绩效工资方案至少十易其稿,每一稿出来都进行每个教职工每个月收入的测算。一是测算每人与旧方案相比到底有多少差距,是增资了,还是减资了;增资或减资具体金额是多少。二是测算有多少人增资了,增资的平均幅度是多少。有多少人减资了,减资的平均幅度是多少。

三是测算学校的"蛋糕"是否够了。这样,每修改一稿就要详细地做这个测算,是有些"麻烦",但是只有这样,才不会出现在教代会被否决的"麻烦"。

(五)全程"参与"是核心

要让全体教职员工都参与到学校绩效工资方案制定的全过程,让教职员工真正参与制定前的调研、制定后的修改、执行后的听取意见等环节。让绩效工资方案的制定成为统一全校思想、改变考核机制、体验依法治校、激发工作积极性的重要手段。"开门"制定绩效工资改革方案,无论对方案的完善制定,还是对方案的顺利通过都是有利的。当然,在具体操作中,需要一些管理的技巧。比如,不妨在首稿方案中留些"漏洞",不要把学校最后的"底牌"都亮出来。因为这一稿学校无论制定得多么"完美",都是容易成为被"打击"的对象。不如在方案中的"漏洞"多一些,给每个教职员工都有提意见的地方,让他们充分讨论,充分提意见,逐渐修正,逐渐达到学校"底线"甚至就是学校真正准备"出手"的方案。这样的方案反而更容易在教代会上被顺利通过,因为经过大家的充分讨论,吸纳了很多教职员工的意见,大家心态上就会更容易接受些。教职员工不一定是为了那方案中的具体问题表态,他们可能更看重的是自己的劳动是否得到学校的承认和尊重,自己的意见是否得到回应。如果在制定过程中或多或少地采纳了他们的意见和建议,他们中的绝大多数就会赞成这个方案。相反,如果仅仅是学校领导参与,或是少部分人参与这个方案的制定,效果会适得其反。

(六)协调"全局"谋和谐

学校的绩效工资方案改革,必然会使一部分教职员工的收入增加,也必然会使一部分教职员工的收入减少。增加的都高兴,减少的会不高兴,这是必然的反应。在具体制定中,特别要做到注意协调"全局"谋和谐,绩效工资改革既要体现"按劳分配、责重多得、多劳多得、优绩优酬"的原则,又要和谐发展。因此,我校在绩效工资改革方案的具体内容设置上原创了一些协调"全局"的条款和内容。比如,学校的满工作量基本奖的具体金额就是在大量调研的基础上而得出的分教师系列和行政后勤系列,既考虑职称又考虑教师工龄;学校给化学、生物教师专门设置了实验津贴;给退休五年内的老教师设置了老年津贴;给体育教师另设了学生体质健康考核奖;给选修课老师设置了开发津贴和开设津贴等等。

(七)介绍"精细"赢民心

在全体教职员工大会上,为了让大家更全面清晰地了解方案的具体内容,在给每位教职员工发放方案的基础上,我又制作了详细的 PPT,内容包括:方案制定背景、上级要求、指导思想、操作原则、分配总额、具体内容等。尤其是根据方案把学校教职员工按照分类进行了收入增减的详细分析,比如:增资人数是多少,比例是多少;减资人数是多少,比例是多少;增资最大最小幅度是多少,减资最大最小幅度是多少;分职称(高级教师、中级教师、初级教师)语数外学科增资或减资情况;分职称(高级教师、中级教师、初级教师)其他学科教师增资减资情况;分职称担任班主任增资情况;高一、高二任课教师与高三任课教师薪资对比情况。由于分析数据详实、分类清楚,介绍得非常"精细",大家对方案有了更详细的了解,更让他们体会到了学校的"用心良苦",就很容易赢得民心,大家也不会死盯方案中一些细枝末节的问题而紧抓不放了,高票通过学校的方案就在情理之中了。

正是上述的几个关键点确保了学校在绩效工资制度制定与更新的民主性,使得制度在教代会上获得了一致通过,得到了广大教师的认可与赞同。

这些也是其他学校制度建设中可以参照的关键点。

二、建立"软执行"与"硬执行"相结合的制度实施机制

学校制度真正发挥作用的关键环节就是制度实施。而制度的实施与制度本身和制度如何执行是密切相关的。

为使得学校制度有效落实，一方面，学校在制定制度时将"惠心利人"的价值观念作为指导框架，以此希望这些制度可以逐渐内化为教师的行为观念，最终促进学校制度的实施过程成为学校"惠心利人"价值观念的实现过程。另一方面，合理的依据就是"上接天气，下接地气"。"上接天气"指的是学校制度要在考虑国家相关法律法规的基础上制定，因为学生、教师是不能违反国家法律法规的。"下接地气"是制度的制定需要考虑学校价值理念、学生基础和学校实际发展的情况，只有将这三者结合起来才有利于制度的逐步落实，最后让大家能够自觉遵守，不至于使得制度成为"一纸空文"。

由于学校制度分为硬制度和软制度，而不同的制度也需要采用不同的执行方式。依据制度本身的性质和其目的，可以将硬制度的落实方式归结为硬制度"硬执行"和"软执行"两种方式，比如一些制度是国家的法律法规、明文规定，那么这些制度就一定需要硬执行。如教师在课堂上与学生发生冲突，在冲突的过程中教师把学生的书扔到教室外面让学生去捡书时，学生由于跑得太快太急，不小心跌倒摔成骨折，针对这样不当的行为，就需要给予教师一定的警告处分，这就是一种硬执行。另一种情况就是硬制度软执行。软执行的硬制度一般是会涉及到教师、学生的心理情绪，比如学校学生制度里面有关于学生享受贫困补助的制度，国家规定学生享受补助是需要进行公示的，但是考虑到学生自卑等心理，学校的贫困补助公示一般不在公

共场合公开，只在班主任群里进行公示。这样做既可以帮助学生，又考虑到了学生的心理，使得学生贫困补助这些制度真正地做到"惠心利人"；再比如我们的老师，因为请病假，他必须要扣除相关的津贴和奖金，但是到年底的时候，我们通过慰问的形式对老师进行一定程度的补贴。总之，从学校的角度来讲，推行每一项制度，我们需要考虑的主要是怎样更好地关心教师、学生，怎样为教师和学生的发展提供支持与帮助。

关于软制度，可以分为软制度"软执行"和软制度"硬执行"。制度的实施需要我们在执行的时候考虑到制度实施后的实际效果，软制度的"软执行"即是让师生将这些制度内化，真正转为习惯的过程。比如对于教师劳动纪律的检查，刚开始采用一天两次的检查，这种"硬执行"使得检查成为一种教师的工作负担。经过反思，我认为教师的工作并不是靠时间就可以完成的，效率是关键。所以对于教师的劳动纪律检查应该采用一种柔性且人文的执行，这种执行方式会让老师更自觉。老师一般是遇到路上堵车，或者家里小孩生病等情况下才会请假或迟到，正常情况下都会准时到校。这种"软执行"反而促成了制度执行的良性循环。一些教师周末也会主动采用线上办公的方式，对学生进行主动的线上辅导。软制度"硬执行"也是基于对教育教学效率的思考，如学校最新推进的平台教学，每月实行一个平板教学数据通报制度，说是通报，其实是表扬每个栏目前 20 名或前 10 名做得好的老师，以此激励更多教师积极参与到平台教学中。若一个教师多次违反学校的软制度，那么就需要按照规定给予相应的批评。

学校制度的"硬执行"与"软执行"是学校发展的长远之计。学校制度的"硬执行"可以使得学校依法治校，规范学校的常规发展。制度的"软执行"可以让教师和学生对学校文化有切身的认同，激发教师的教学热情和学生的学习积极性，使教师和学生实现自我管理，达到制度管理的最高境界。

三、基于推进过程的实践需求进行制度更新

学校制度并不是一成不变的，而是需要在原有的基础上以持续性的发展序列对现有的学校制度进行必要的调整、补充或完善进而在动态中实现制度的最优化。[1] 而学校制度的调整与更新并不是一蹴而就的，需要从学校战略的高度加强对现有制度的反思，同时基于学校实践的发展与现实的需求，立足新方位对学校制度进行分阶段的动态调试与更新。如李惠利中学在平板教学建设方面进行了分阶段、分步骤、有侧重地逐步推进，并在推进中对制度进行不断更新。

学校于 2017 学年在高中分层教学及新高考改革的大背景下，为适应互联网、人工智能和大数据时代的教育生态，开始尝试互联网信息技术与学科教学深度融合的教学改革（Pad 辅助教学）。由于这是第一阶段，所以我们采用的是"领导带领、骨干引领、能者先行、稳步推进"的策略。为确保 Pad 辅助教学的开展，建立了一些保障制度，如建立领导小组、推进小组、办公室小组与一套奖励制度，采取"六个一"的实施策略。在最初推进过程当中，让支持者得到好处，这个好处并不是"钱"，而是教师专业发展的可能，让积极推进者实现一定的专业发展，比如学校有 5 位积极推进平板教学的教师在浙江省精准教学比赛中获得了三个二等奖和两个三等奖，2021 年有两位老师主持的课题还被列入浙江省教育信息化专项课题，这是普通老师主持的课题近几年第一次被省级立项。

经过第一个阶段的推广，师生逐渐学会了使用 Pad 教学，但是调查发现大部分教师使用 Pad 教学的效率不高，不够充分。于是，学校决定把仅限于

1　武秀霞.制度创新与学校特色发展[J].教育学术月刊,2018(7)：63－69.

两个"数字化创新实验班"的 Pad 教学扩展到高一、高二两个年级进行全面推广。在推进阶段,我们学校采取的推进策略为"领导示范、骨干带领、同伴互助、互相促进、师生共进、开花结果"。为了平板教学可以得到全面推广,一方面我们征求了家长的意见。另一方面,就使用哪一家公司作为平板教学平台,学校组织了智慧课堂教学模式评审会,邀请科大讯飞、天喻教育、作业家、艾汇教育科技有限公司、杭州铭师堂五家专注研究智能教育的单位参与竞争,并由专家代表、校级领导班子、教务处、教科室中层干部、高一年级学科教师代表、学生代表和家长代表共 61 人组成了评审团进行评审,最终艾汇教育科技有限公司以 48 票的绝对优势在评审中名列第一。经校长办公会议讨论决定采用艾汇教育科技有限公司的"汇教课堂"教学平台。在推进阶段,我们对教师的教学逐步提出一些小要求,一步一步带领老师去实施、完善与优化 Pad 教学。两年来,平板教学一方面促进了教师的专业发展,通过平板教学改变了教师的专业形象。在学校推广 Pad 教学之后,"微解"(老师在线解答的工具)成为了老师解答学生疑惑的神器。化学组的谢振贲老师特意领了一副收音效果极佳的麦克风来录制微解,并时常鼓励学生多给他发信息提问。面对学生五花八门的提问,谢老师都会耐心地在线解答。学生无论在学习主动性、主体性,还是学业成绩方面均有明显提升。Pad 辅助教学所带来的教学成效,已逐步证实了学校此次教学改革方向的正确性与行动的必要性。

由上述学校制度的制定、实施、更新的案例中可以看出,无论是面向教师、学生的软制度,还是硬制度,我们始终将"惠心利人"贯穿其中以实现制度的统一,并在思想上认识到制度建设的根本目的不是为了限制教师、学生,而是为了激励师生、实现师生的发展。我们在制定的程序上会考虑制度的民主性,并不是学校领导来决定制度,而是广泛征求学生、教师、家长的意见和建议,使得制度在内容上能够真正体现"民意",促使制度可以真正解决学校的实际问题。而制度要解决问题,还需要在实施的环节中落实。为了让制度能够切实地执行下去,要根据制度本身的性质来决定制度应该是"软执行"还是"硬执行"。在制度实施、执行中,同样也会出现各种各样的问题,这就需要根据不同发展阶段的需求完成制度的更新,使得制度可以在不同的阶段都实现"惠心利人"。

第五章　物化系统建设

　　物化系统建设是对学校内部物质要素进行设计、重构和完善的过程，将学校的办学理念、价值、精神等融入到物质中，凭借被赋予文化内涵的校园物质以及环境熏陶和感染学校全体师生，使师生的行为规范符合学校的价值期许。学校立足现实，建构物化系统内容框架，多管齐下建设物化系统，取得了良好的效果。

第一节　物化系统结构与具体形态分析

　　物质是精神文化的载体和基础，脱离了物质的存在，文化就成为无本之木、无源之水。校园内部的物质不仅融入了设计者的审美观，而且体现了学校文化和精神，渗透了学校理念、价值与主张。由此观之，物质文化不仅是学校文化建设的载体，也是体现学校文化建设的成果。另外，物质文化以显性的物质实体的方式存在，其本身对于学校内的人员具有育人的功能。既然学校物质文化对学校文化建设如此重要，那么什么是学校物质文化？其内部有哪些要素？其结构如何？只有明晰了这些问题，才能辨识学校物质文化的现状，进而推进学校物质文化建设。

一、物化系统的内部结构与要素

学校文化包含价值文化、制度文化和物质文化三种形态,其中,物质文化是学校的重要组成部分,是作为学校文化的一个子系统,又称作物化系统。相比较于价值系统而言,物化系统处于学校文化的外层,表现为学校文化看得见、摸得着的内容,即可视、可感的物质化内容。它在一定程度上是一所学校的价值追求和教育理念的外显展示。当我们步入校园时,往往会被学校建筑物、设施、环境布局等所承载的学校文化所感染或吸引。对此,有研究者指出:"学校物质文化环境作为学校文化体系内重要的一环,是最为直观的部分,往往在视觉范围内给人留下了对一所学校最初印象和总体评价。"[1] 既如此,我们就需要搞清楚物化系统的具体构成要素。通过文献梳理与分析,发现主要有三种代表性的视角解读学校物化系统。

第一,文化载体视角。学校物质文化是校园内那些具有文化属性的实在物,主要是那些看得见的文化承载物,如建筑物、标识物等。有研究者指出,学校物质文化主要是指学校文化的浅层,是我们感官所直接触及的客观存在物。它既是学校内具体文化活动的物质性载体,也是构建学校文化的物质基础,主要包括校园环境、各种建筑物、教育教学设备、雕塑壁画、工作和生活设施、校训名言等,主要有标识性、选择性、继承性、持久性和教育性五大特征。[2] 同样,也有学者持类似看法,"学校物质文化是学校全体成员在长期的共同教育生活实践过程中创造、积累和共享的物质财富。学校物质是学校文化的物质载体,也是校园文化的重要表现形式,其内部结构主要包

1 余清臣,卢元凯.学校文化学[M].北京:北京师范大学出版社,2010:61.
2 张杨莉,蔡忠平.学校文化 自觉与自信[M].上海:上海交通大学出版社,2014:46-47.

含校容校貌、设施设备、建设方式三个方面的内容"。[1]

第二,物质和文化相关性的视角。学校物质文化是学校物质载体和文化的结合体,二者相互依存。单纯的物质,只是文化的载体或者符号,但是却没有文化渗透的味道;同样,如果学校文化没有了物质载体,就无法存在。对此,就有学者指出:"学校物质文化并不是泛指学校内的一切物质资料,而是特指具有文化意义的物质设施,例如具有人文意义的雕塑、具有纪念意义的建筑碑、校徽等"。[2] 因此,学校内的文化依赖于校园内的物质实体。物质文化系统是学校文化建设的象征,是学校文化的外在表现,主要为学校环境建设和建筑物的命名。[3]

第三,物质的文化影响力视角。学校物质文化不仅有助于推动整个学校文化建设,而且能够潜移默化地影响人,是一种隐性课程。有学者认为学校物质文化通过与精神文化、制度文化之间的内聚与整合形成一个有机的统一体,能对学校的建设发展、人才培养、知识创新、社会服务等产生较为重要的影响。[4] 也有研究者对物质文化在学校文化中的位置进行考量,主要呈现出三类:一是学校环境文化,包括校园的总体活动和布局,校园的绿化和美化,具有教育含义的教育教学场所以及校园环境卫生等;二是设施文化,包括教学仪器、图书、实验设备、办公设备和后勤保障设施等;三是产品文化,师生员工的物质产品、精神产品及产品文化(包括师生形象等)。[5]

综合上述,我们从文化载体可视化的角度界定物化系统,它是学校全体人员在长期的教育实践过程中积累和创造出来的蕴含文化意义的所有物化

1　贾长胜.学校文化的理论与实践[M].北京:新华出版社,2015:42.
2　余清臣,卢元凯.学校文化学[M].北京:北京师范大学出版社,2010:62.
3　李金初.学校文化建设:学校发展的精神动力[J].教育研究,2004(12):80-85.
4　彭宗德.大学物质文化建设[J].黑龙江社会科学,2008(1):191-192.
5　赵欢君,陶李刚.试析学校文化的构成及其形成机制[J].嘉兴学院学报,2001(1):98-100.

载体,通过环境、产品、活动等形式进行呈现。环境是指学校的物理环境及其美化表达,是最外层的文化载体;产品是指学校人员精心设计的代表核心价值理念的人文产品;活动则是学校开展的各类具有文化意义与育人功能的活动,也可称之为文化建设方式。

二、物化系统的表现形式

从系统论的角度,学校物化系统是多维的,是由多个要素构成的统一整体。系统论的研究表明一个系统不仅要有复杂多样的内部成分,而且要在各种成分之间形成稳定的关系,更为重要的是这些成分要构成一个既开放又封闭的整体。[1] 从物化系统的内部构成要素来看,它由环境系统、产品系统和活动系统三者有机组成。环境系统是学校物质文化载体,承载着每个学校独特的物质文化;产品系统是学校物质文化建设成果,是表征学校物化的可视物;而活动系统则是建设物质文化方式。三者功能定位不同,也涵盖不同的具体内容。

(一)环境系统

环境系统是物化系统文化的载体和基础,主要通过外部的物理环境和代表学校形象的物理标识来体现。

1. 物理环境

学校物理环境是学校文化形成的重要支柱,是学校打造社会化环境的重要载体,是人实现社会化转变的重要媒介,其作为一种静态的、具体的物

1　埃德加·莫兰.方法:天然之天性[M].北京:北京大学出版社,2003:131.

质存在形式,构成了学生在校期间的学习和生活基地。[1] 学校的物理环境包括校园建筑布局与命名、校园的绿化和美化、学校走廊与墙壁的布局以及具有教育意义的场所(如教室、功能教室、图书馆)等,学校的办学理念、价值、精神渗透其中,影响师生的情感、态度与价值观念。优美、舒适、具有文化气息的校园环境,令人身心愉悦,能陶冶师生情操,还能潜移默化地影响师生遵循学校价值观念行事。因此,优化校园环境,让学校的一草一木、一砖一瓦"说话",为学校师生提供良好的教育与学习的环境,也就成为学校物质文化建设的重要内容。我们对黄鹂校区校园环境的升级改造正是出于这样的考虑。根据"惠利"文化的构成要素,充分挖掘"惠""利"字词的含义,紧紧围绕"勤、俭、诚、实"校训,将其融于楼、馆、场所的命名之中,如惠政楼、惠风楼、惠利亭、惠和池、利捷馆、利泽楼等。

2. 形象标识

我们生活在一个充满符号标识的世界之中,周围充满了各种各样的标识。法院的标识代表了庄重与威严,医院的标识则代表了救死扶伤,同样,学校的标识则是代表它的教育性及其独特性。因此,一个学校的形象标识往往具有其象征性,不仅是代表着学校自身,而且是学校办学理念、精神等学校核心文化最为直接的体现,主要通过校训石、校徽、校歌、校旗、校服、校刊等物质实体得以展现。例如,李惠利中学校训石是学校地标性雕塑,外形如一本已翻开的书籍,内部书写着"勤、俭、诚、实"校训,意在告诉学生不仅要学习科学文化知识,而且要努力成为具备"勤、俭、诚、实"特质的学生,这四个字写在如电脑键盘一样的石块上,寓意学校利用科技手段服务于现代教育。

---

1 李晶,吕立杰. 环境社会学视角下学校物理环境的构建[J]. 教育理论与实践,2015(34):16-20.

（二）产品系统

产品系统是学校物质文化建设过程中形成的各类文化产品，主要表现为课程、教学、学校发展规划以及教师发展等活动方案与文件。在课程方面，学校秉承"惠润每一位学生，利泽每一个梦想"的文化理念，修订完善"李惠利中学课程方案"，建构完善"公民素养课程群""生涯规划课程群""艺术教育课程群""国际视野课程群"四大课程群，进一步谋划开发校本精品特色课程，建构有特色、符合学校现状和学生需求的开放而多元的"惠利"课程体系，这成为"惠利"教育品牌的重要组成部分。在学校发展规划方面，学校按照国家、省、市中长期教育改革和发展规划的精神，围绕《宁波市"十三五"教育发展规划》和《关于进一步做好直属学校发展性评价和直属单位绩效考核工作的通知》的要求，结合宁波市行政区划调整带来的城区高中教育新形势、新挑战和新机遇，立足学校发展的实际情况，践行理念育特色，发展内涵创品牌，制定《宁波市李惠利中学三年发展规划（2017—2019 年）》。在学校教师发展上，为推动学校教师专业成长，为学校学科骨干教师的培养服务，学校制定《宁波市李惠利中学学科骨干教师评选方案》。

（三）活动系统

相比环境、产品系统，活动系统更具动态性，它既是物化系统的表现形式，又是学校物质文化的建设方式。根据学校活动指向的对象不同，活动系统主要包括教师活动和学生活动。

1. 教师活动

教师活动是指为促进教师个体或群体专业发展而开展的各类活动。其中，教研活动是教师活动的主要表现形式。教研活动是以促进学生全面发展和教师专业进步为目的，在学校课程实施过程和教育教学过程中教师所面对的各种具体的教育教学问题为研究对象,教师为研究主体,专业研究人员为合作伙伴的以校为本的实践性研究活动。此外,学校还会依据教师发展情况,开展各类校内比赛与评比活动以及特色活动,如青年教师联谊发展活动,青年教师自主联合建立研究会,用"任务驱动"的方式,重点研究困扰青年教师发展的教育教学问题,提升其教育教学能力。无论是由教师开展的教研活动,还是学校开展的关于教师的活动,都旨在通过教师的专业发展,促进学生的健康成长,使学生的成长符合学校的育人目标。

2. 学生活动

学生活动是指除学生课业学习以外的其他各类活动,具体包括社团活动、公益活动、社会实践活动以及其他形式的校园活动,如阳光艺术团、模联社等社团活动,高三学生成人礼仪式、职业生涯体验式活动、海外夏令营等特色活动,其中社团活动是主流活动形式。社团是拥有相同或相近兴趣、爱好、特长的学生自发组织形成的一种活动团体,学生利用课余时间开展丰富多彩的社团活动,在真实的生活场景中学习本领、掌握生活技能,走进生活、学会生活。

第二节　物化系统的建设策略

苏霍姆林斯基在《帕夫雷什中学》一书中说过:"用环境,用学生创造的周围环境,用丰富的集体精神生活的一切东西进行教育,这是教育过程中最微妙的领域。"[1] 学校物化系统的建设又何尝不是如此。通过建设美好的物化系统,潜移默化地影响师生的情感、态度和价值观,实现以文化育人的目

1　苏霍姆林斯基.帕夫雷什中学[M].北京:教育科学出版社,1983:105.

的。在具体的建设过程中,我们坚持四大原则,采取三方面策略,通过案例进行解释。

一、学校物化系统建设的原则与策略

(一)物化系统建设的原则

从物化系统的内涵与构成要素来看,要创建优良的学校物化系统,应遵循以下四条原则。

1. 科学性原则

物化系统建设不能仅凭领导的意图,需要充分调动全体师生参与学校文化建设的积极性,还应借助专家学者的智慧,立足学校实际,坚持以生为本,贴近生活,厘清物化系统的内容与功能,做出科学合理的规划。

2. 整体性原则

物化系统建设要有全局观,不能零敲碎打,应基于整体思维做出规划和开展实践,发挥部分之和大于总体的优化功能。整体性主要表现在两个方面,一是处理好物化系统与其他两个系统的关系,使之融入"惠利"文化之中,特别注重渗透价值系统的理念与目标。二是一体化整合物化系统内部的三个组成部分,将环境、产品、活动等内容有机组合起来,使之成为一个有形的整体。

3. 主体性原则

文化的本质是人的"社会化"。物化系统的建设离不开师生积极主动的参与,需要充分发挥师生的主体性。师生作为学校文化建设的主体,一方面要承担建设者,甚至是创造者的角色与责任,如落实教室环境的布置、教研活动的设计与实施、社团活动的组织和参与、学校发展规划方案制订等。另一方面,要反思作为主体的建设效果。师生的主体性不只是作为主体参与建设,也要作为"以文化人"的对象反思在主体身上取得的效果,不断改进与完善文化行动。

4. 个性化原则

物化系统最能体现学校的个性,不仅可以通过外显的建筑、标识来展现,也可以借助各类学校活动来表达。学校在建设物化系统过程中,要将价值系统里的学校精神和理念进行个性化的物理表述,使之具有学校特色、地方特色。

(二)物化系统的建设策略

对于学校物化系统建设,坚持根据不同的原则建设不同的内容,策略各异。比如,要实施以育人为本的学校物质文化建设的优化策略,首先,需要在有特色的学校物质文化建设中育人;其次,尊重学校建设物质文化的主体地位;最后,建设符合学生特点的学校物质文化。[1] 针对中小学学校物质文化建设应把握三个方面:规划相对整体和可持续发展的校园,建设具有文化和教育性的校园建筑,要营造具有美育精神的校园环境。[2] 可以看出,上述研究更多的只是从物质层面进行讨论,尚未涉及活动和产品系统,而且原则也是单方面的。从我们坚持的四方面原则出发建设三位一体的物化系统,可以采取以下三个方面策略。

1. 理念渗透,赋予建设以教育意义

学校文化的灵魂是学校的精神文化,其核心是学校的价值理念,而学校的物质文化则是学校文化的载体。[3] 每一所学校都有自己独特的办学理念,物化系统建设也应该遵循本校的办学理念,并且在实施建设的过程中尽可

---

1 李倩玉.以育人为本的小学物质文化建设研究——基于长沙市两所小学的个案研究[D].长沙:湖南师范大学,2017.
2 梁岚.对中小学物质文化建设的研究[D].呼和浩特:内蒙古师范大学,2007.
3 项红.学校文化建设的理论与实践[M].杭州:浙江大学出版社,2010:185.

能处处彰显办学理念。不仅如此，在检验评估实施效果时，在调整实施方案时，也应以办学理念是否落实为依据。以此为据，应赋予校园物化系统以教育意义，校园内的一株草木、一条道路、一幢楼房，都可以发挥出教育的功能。例如把对某个事件或者人物的纪念融入到校园景观之中，通过竖立人物雕塑、篆刻人物名言、建造纪念馆等形式，激发学生的情感，达到教育的目的。因为"设置景点的目的不仅仅是欣赏，还应启发学生有所思考"。[1]

2. 科学规划，加强特色建设

对物化系统的三方面内容进行科学规划、整体设计，突出个性化内容。物化系统不仅要反映出传统的、民族的特点，如：有的学校建筑古色古香，校服设计仿照汉服；还要反映出时代的、开放的特点，例如，校园网建设、校刊创办、校史馆修建等。事实上，每所学校都存在着具有自身特色的物化文化，关键在于如何将其挖掘出来，加以利用。在开发过程中，既要关注学校发展状况，如学校历史、价值取向、办学理念、管理模式等，也要考量当地的地域特点，如风土人情、精神追求等。

3. 师生合力，创新建设方式

学校物质文化是学校师生对象化活动的结果，同时，师生又是学校物质文化的消费者和享用者，从而使自己在自身所创造的物质文化中得到营养和陶冶。[2] 学校物化系统的建设亦如此，需要集思广益，师生共同参与。可以通过开设意见箱、开通创意热线、在橱窗中增设意见建议征集栏以及举办有奖征集活动等方式，调动师生共同参与学校物化系统建设的积极性。采用这种师生共同参与的方法，不只是为了建设，更重要的是进一步增强师生的共同信念。

1　苗存龙.创造适宜人才成长的校园物质文化[J].人才资源开发,2010(6)：64—65.
2　贾长胜.学校文化的理论与实践[M].北京：新华出版社,2015：54.

师生合力,可以运用或创造一些新的建设方式。例如在规划学校环境方面,学校从整体布局、建筑搭配和校园美化等方面入手,优化教学、休闲和生活等区域的划分。师生可以从每一个角落的细节入手,配合搞好一花一草、一石一木的建设,美化学校环境。

二、环境系统建设策略与案例

环境系统建设过程中,无论是形象标识设计,还是物理环境规划,需要将物化系统的一般建设策略落实到以下三个方面:第一,基于一训三风,赋予物化系统以教育意义。也就是说在建设学校环境系统的过程中,要从学校的历史入手,挖掘学校历史背后的故事与精神文化,然后将特殊的精神文化通过校园环境、形象标识展现出来。第二,精细环境规划布局,营造育人文化氛围。这是一个化育的过程,被赋予精神文化的环境通过精细的布局与规划,如通过一草一木、一花一石的合理布置,使学生在整个环境中感受物化之后的精神文化熏陶。第三,全校师生共同参与,深刻理解学校文化。物化是指对具有物质实体的事物赋予精神文化后形成的可感知的知识力量的动态构成。[1] 被赋予精神文化的环境,在设计者的宣传中,在师生的共同参与中,可以形成一种可感知的知识力量,达成共同的精神文化意识。下面以李惠利中学的校训石为例,阐述策略的运用过程。

【案例5】

李惠利中学校训石设计

(一)探寻校训的物化形式,挖掘校训石的文化意义

"勤、俭、诚、实"四字校训是学校的文化之魂,承载着全体师生员工

1　李龙权.生成性学校文化致远[M].上海:上海财经大学出版社,2016:59—61.

的精神追求,需要以一种外显的物理形式呈现出来,才能更好地引导与激励师生按此行动。经由学校行政团队讨论决定,将校训镌刻在一块文化石上,而不是简单地挂在墙上,使之成为学校的重要地标和形象标识。通过校训石这样一种精神外在物,吸引师生驻足思考,产生心灵共鸣。

(二)收集师生意见,共同参与设计校训石

明确了设计校训石的思路,接下来就广泛征求师生的意见,并将这些意见汇总起来,形成一个基本设想。校方将这些设想与设计师进行多次沟通与协商,最终设计出球体书形阴阳刻字体的校训石。校训石整个设计外形就像一本书,寓意学校是读书之地;在书中类似地球或者大脑的中间圆球上,用楷书、隶书、篆书、金文等不同字体雕刻"勤、俭、诚、实"四字校训,使用了阳刻和阴刻两种手法;18个不同的字体纵横排列,犹如电脑键盘,键盘寓意输入,代表科技;中间的球体既可以看作地球,也可以看作大脑,寓意让学生既有传统文化修养,又具有世界眼光与科学精神。校训石放置于校园正门入口的醒目处,成为学校地标,时时提醒师生要做到勤、俭、诚、实。

(三)举办征文活动,深化校训石育人功能

要使校训石发挥育人功能,需要让学生对校训石进行解读和内化。为此,学校开展"我眼中的校训石"征文活动,聆听学生们的心声。现摘录一些学生的文章片段,以窥内化之效。

巨大的书页翻开,蹦出巨大的石头。石头上,排列整齐的是被重复无数遍的那四个字——我们的校训,"勤、俭、诚、实"。每一天,当我们走进校园,就可以看到它在高处守候学子的到来,等待学校的未来。

石头,最为常见却又最为长久,正如"勤、俭、诚、实"这四个字,将永远印刻在我们的心中。石头,平淡无奇,但却可以承受时间的磨砺,"石奇含天地,趣雅意隽永"。

诠释石头,天文学家读懂了宇宙奥秘,地质学家读懂了大地春秋,考古学家读懂了文明轨迹,文艺大师读懂了浪漫情意;品味石头,强者得到搏击的力量,仁者得到伟岸的沐浴,智者得到造化的灵秀。石头看上去死气沉沉,但它终是连接了灵魂,冲破了世俗尘埃,让那重复被书写的四个字被更加醒目地突显出来。"勤、俭、诚、实",这本来便是石头的品质啊。

无论是烈日还是暴雨,校训石总在那里,默不作声,就这样静静地看着世间万物,静静地看着不同的人到来与离去。它不悲不喜,从不主动传授些什么,只有在静下心去感悟的时候,它才会用相同的耐心向你诉说关于它,一块石头的故事。

三、产品系统建设策略与案例

由于课程与教学产品是产品系统的主要表现形式,学校在这方面积累了丰富的建设经验,下文以课程与教学产品建设为例进行具体介绍。按照物化系统建设的一般策略,应从三个方面进行课程产品建设。第一,基于学校育人目标,设计课程体系。从校训出发,结合生源特点,明确"培养德行臻善、志趣高雅、视野开阔、具有勤俭诚实特殊品格的现代公民"的目标,建构与此匹配的"惠利"课程体系。第二,群策群力,开发各类课程资源。根据课程体系建设的资源要求,充分调动师生参与课程建设的积极性,邀请课程专家进行指导,分门别类地开发相应的课程资源,包括必修课的教学资源包、选择性必修课的校外资源以及校本课程纲要等。第三,满足学生多方需求,开发特色课程。调查学生的兴趣和课程需求,开发具有学校特色的系列化校本课程。通过三方面建设,形成了以下特色课程群建设的案例。

【案例6】

李惠利中学特色课程群建设

（一）基于目标建构"惠利"课程体系,服务学生成长

以培养目标为宗旨,明确课程目标,落实"惠润每一位学生,利泽每一个梦想"文化理念,建构必修课程和选修课程互补的"惠利"课程体系。其中,必修课程由两部分构成,第一部分是以学科课程为主体的国家课程,包括学考和选考课程;第二部分是以"生命教育"和"校训教育"为主体的通识类课程,旨在夯实学生多元发展基础。选修课程由学科性选修课程和校本课程构成,旨在满足学生个性发展需求。学科性选修课程分若干学科领域设置相应课程群,如语言类课程群、数理类课程群等。校本课程立足"一体两翼"(以普通高中教育为主体,发展中澳国际教育和艺术教育)的学校教育现实,建构"中澳艺术、双翼齐展"的特色课程群,由"惠润"课程群(包含公民素养、生涯规划两个子课程群)和"利泽"课程群(包含艺术教育、国际视野两个子课程群)组成。

（二）整合优化校内外教育资源,丰富课程资源

学校加强软硬件建设,推动智慧校园建设,以大数据、互动式学习平台为基础,助力学生学习课程内容的资源优化;推动功能教室、创新实验室和实践园区的建设,助力学生学习实践空间的资源优化;推动学生发展指导队伍的建设,助力学生学习时间选择的资源优化,为拥有不同天赋、兴趣爱好的学生的学习和实践活动创造条件。与此同时,引导与鼓励教师开发适合学生的选修课程,研制课程纲要和学习资源,积累丰富多彩的

课程与教学材料。学校拓展校外教育资源,加强与市级社会实践基地、职业院校和大学的联系,建立研学旅行(国际研学)基地、职业技能类课程校外学习基地,为实践类课程的校外学习提供服务。

（三）加强过程管理,有效实施"惠利"课程

为有效实施"惠利"课程体系,加强对不同类型课程的过程管理,学校制定课程管理办法,明确课程设置与学分要求、选课走班办法、课程评价方式以及课程审核制度。根据新高考改革方案,规范、科学、合理安排课程,完善行政班与教学班双管理机制,全面实行选择性必修课程分层走班、选修课程分类走班、体育与健康和艺术课程分项走班教学,让"网上选课、一生一表、走班上课"成为教学新常态。加强课程开发的审议,把好各类课程的入口关,特别是国际理解、国际教育、艺术教育方面的特色课程。及时了解学生、家庭和社区对学校课程建设的要求与意见,定期评估课程实施成效,不断改进与优化课程框架和质量。

四、活动系统建设策略与案例

根据物化系统建设策略要求,针对活动系统的特点,在以活动为载体的文化熏陶下,在建设活动系统的过程中可以采用以下具体策略:第一,科学规划具有教育意义的活动内容,既然是活动系统,就需要进行整体设计,不至于变成各类活动的集合,而且要考虑活动对于高中生成长的意义,当然,规划时也需要关注活动的安全防护措施,因为活动中难免具有不可控因素,需保障参与人员的安全;第二,调动师生参与的积极性,只有师生愿意参与,活动才有意义,因此活动的组织方要充分调动师生的积极性与主动性,甚至

可以邀请师生一起设计与组织相应活动;第三,内外联合,丰富活动资源,学校的活动空间是有限的,学校可以尝试开发校外资源,如社会实践基地、校外教育场馆、教师培训基地等,盘活校内外资源,开展有意义的师生活动。下文以近年来不断推进的劳动活动为例,解释活动系统的具体建设策略。

【案例7】

劳动活动设计与实践

(一)劳动活动课程化,科学设计劳动内容

学校坚持"劳动回归生活本真"的理念,系统开发劳动课程,融入"惠利"学校课程体系。将劳动与地理、生物等学科相结合,将传统劳动活动与现代劳动技术相结合,开设无土栽培、露天种植、卫生劳动和科技创新等课程,合理开展各种动脑又动手的活动,激发学生的劳动兴趣,保障活动有效规范实施。各学科教师根据自己的专业能力开发各种课程,将劳动活动融入课堂教学,打破第一课堂和第二课堂的场域限制。科学开发课程纲要,制定实施计划,选择合适的教学内容,将理论与实践相结合,让学生更好地学习劳动知识,体验活动,获得劳动情感,从而形成劳动教育所坚持的核心价值观。

(二)制度化开展活动,创新劳动教育实施方式

以制度规范劳动教育的实施,充分利用学校场地,在教学楼顶层开辟"学校农场",实行承包责任制,分片划出责任区,分到各班管理,四季轮种农作物。全体学生互相协作,在共同承担劳动职责、共同分享劳动果实中体现劳动的价值,体会劳动的伟大和劳动成果的来之不易。有些劳动活动以项目化或课题研究的形式来推进。学校引进无土栽培实验室,让学

生参与科技新苗科研项目，邀请高校专家指导学生的科技创新活动。以土壤、植物的研究为切入点，借助无土栽培实验室的资源，在种植活动开展之前，组织学生到"农场"采集土壤样本开展调查研究，并在老师和专业技术人员的指导下，对土壤的 pH 值、有机质、水分、光照、气温等指标进行化验或测量，学做土壤分析师。确定研究课题，开展研究活动，不但丰富了劳动与学习的方式，更培养了学生的劳动探究精神和研究意识。

（三）拓展校内外资源，打造劳动教育实践基地

为了更好的开展劳动课程，实施劳动教育活动，让学生能够更加亲身、便利地开展实践，学校还拓展开发了校外活动资源，建立了校外劳动教育实践基地。以自然为课程载体，让课堂从教室走向田野，从课本走向大自然，让学生在劳动实践过程中获得丰富的经验和直接体验。

第三节　物化系统建设效果与反思

如果说价值系统是学校文化建设的核心，是塑造教育品牌的灵魂，制度系统是学校文化建设的保障机制，那么物化系统则是学校文化建设的象征。它是学校文化建设的外在表现，反映特色教育品牌的文化理念，也是通俗意义上的显性文化。[1] 它在学校文化系统中最能形象化、直观化地表达学校特征，是学校文化的"脸"。既然作为学校的"脸"，就需要学校全体师生的关心与呵护。学校的两个校区，经过师生的共同努力，井然有序地推进物化系统建设，成效显著。无论是活动系统、产品系统，还是环境系统，相较校区改造

1　彭彦琴,江波,詹艳. 学校文化建设的思路与模式[J]. 教育科学研究,2009(12)：32－35.

之前都有了较大的改善，为教师工作、学生学习创造了怡人沁心的物化文化氛围。

一、物化系统建设效果

龙生九子，各有不同。物化系统的三个子系统有其自身特色，建设效果各放异彩。为了更好地展示学校物化系统的建设效果，下面分别呈现三个子系统的建设效果。

（一）环境系统建设效果

环境系统改变最大、效果最明显的是物理环境。这里重点介绍这几年物理环境建设所取得的效果。2014年，学校委托专业机构进行了一次学校满意度测评，由学生、教师和学生家长进行评价。分析测评数据得知，校园环境在学生、教师和学生家长中的得分都比较低，尤其是黄鹂校区，该校区位于黄鹂新村社区，总体比较陈旧，师生满意度更低。2017年，对黄鹂校区的校园环境进行改造升级，环境发生了翻天覆地的变化。我们不妨先来看看环境改造前的老照片：

图 2　环境改造前的黄鹂校区

由照片可以看出，改造升级前的校园环境可以用"破、旧、差"来形容。

学校与居民区仅一墙之隔，附近的居民经常向学校投诉"臭水沟"，尤其是在夏天，蚊虫杂草不胜其烦。经过改造，学校面貌焕然一新，校园虽小，但显得很精致，可以看看下面的对照图。

图 3　环境改造后的黄鹂小区

特别值得一提的是黄鹂校区地标性雕塑：校训石和改建后的文兰亭。学生每天走进校门就会看到篆有"勤、俭、诚、实"的校训石，每次从校训石旁边走过，就会想起李惠利先生的谆谆教诲，可谓此"石"无声胜有声。沿着校训石旁边的小路前行，右手边便是文兰亭，亭内放置了圆桌方凳。同学们

图 4　校训石与文兰亭

下课后,三三两两分散在两个亭子中,你一言我一语,可以交流课堂心得,也可以追忆似水年华,好不惬意。在亭子的旁边,有一个惠和池,池内放养了100多条锦鲤。每天中午或课余时间,经常可以看到师生在那里看书、聊天、休闲、喂鱼。整个校园形成了人与自然和谐相处的景象,身在其中的师生深受其益,正如一位教师所感言:"我们时刻感受着学校的变化,不管是硬件,还是软件。"

相较于黄鹂校区的变化,新修的甬港南路总校区在环境方面给人耳目一新的感觉。学校根据不同学生的发展需求,增加了集走班和辅导于一体的空余教室、微格教室,进一步改善了教师辅导学生的条件。另外,还增设了八个功能教室,方便学生开展各类创新活动,并为艺术类学生配备了录影棚、小剧场等场地,为培养学生劳动素养创设地理创新实验室、无土栽培实验室等研究场所。这一系列变化体现了我们"让教育适合学生,让学生成就梦想"的办学理念。

图5 新校区全景与功能教室

（二）产品系统建设效果

自 2006 年以来，学校积极探推进新课程改革，大力开发适合学生的选修课与校本课程。至今，学校开发了 110 余门校本课程，其中《社会热点研究与观点陈述（英文版）》《指尖上的芭蕾》《数学与哲学的故事》《世界未解之谜》等被评为浙江省级精品课程，《英语经典解读》《英语口语 step by step》《向东是大海》《心情·画境——水彩画初学教程》《教你巧学钢琴》《最典型艺术的回归》和《健康与疾病》获评宁波市级精品课程。

值得一提的是校本课程《会呼吸的绿色校园》的两个研究项目："一米农场"和"无土栽培实验室"，为培养学生的劳动精神与创新能力发挥了重要作用。"一米农场"作为以学生为主体的研究项目，为学生开展研究性学习提供得天独厚的便利条件，让学生在校内经历种、研、产农作物的全过程。"无土栽培实验室"全天候提供可人为控制的、安全的实验环境，为学生进行各种综合性、设计性实验提供所需要的设备，有助于学生开展创新性劳动。

（三）活动系统建设效果

1. 绽放教师活力，演绎教学精彩

"学习会""研讨会""小组沙龙""课堂实验""案例分析课"是我校坚持多年的教师活动传统，主要解决青年教师面临的各类新问题，帮助他们迅速提升教育教学能力。通过这些活动，我校青年教师在各类教学比赛中均获得不俗成绩，奖项规格有较大提升，比如应贤玲老师获得部级"一师一优课，一课一名师"活动"优课"，康剑娜、周丽娟、李新星、李木谢子、陈亚丽、乌峰杰、鲁振兴、吴婷婷、严旭春等青年教师获得 2018 年"华渔杯"全国中小学教师信息化教学设计能手大赛一二等奖。乌峰杰、张琳娴老

师论文获浙江省二等奖,张琳娴老师获浙江省精品课程。

除此之外,对于学校教师队伍的中坚力量(大多为中年教师),除了出台《35 周岁以上教师培养规划》外,还鼓励教师通过在职攻读教育硕士、教育博士提升学历,引导教师参与特级教师带徒活动,开展主题式教研活动,聘请名师、特级教师进行面对面指导。经过多年努力,2 名教师评聘为省特级教师,10 名教师荣获市、区骨干教师称号。

2. 多彩活动,成就学生个性发展

丰富多彩的社团活动和学校的艺术特色活动,成就一个个阳光而个性十足的高中生。学校阳光艺术团连续三次(2009、2013、2016 年)荣获全国中小学生艺术展演中学组舞蹈一等奖,合唱、舞蹈、器乐等项目在历年省市中小学生艺术展演中获十余个金奖。学生在校园十佳歌手、魅力社团展示、科技节、艺术节、运动会等活动中尽显特长风采。在学科竞赛方面,每年均有多名学生获得浙江省化学、生物、数学和物理竞赛 A 组一、二、三等奖。学生通过各种各样的活动,取得成绩的同时,也收获了快乐。只要采访一下老师或学生,就会听到这样的声音:"你会发现一个有趣的现象,虽然我们学校的活动空间很有限,但每个学生都非常开心。你看不到愁眉苦脸的学生,大家都是开开心心的。"

二、物化系统建设的经验

在物化系统建设过程中,我们逐渐探索出了一条符合自身发展的道路,也收获了一些有益的建设经验。

(一)多管齐下,助推教师专业发展

叶澜教授认为:"没有教师的发展,难有学生的发展;没有教师的解放,

难有学生的解放；没有教师的创造，难有学生的创造；没有教师的转型，难有学生的转型。"[1] 教师作为学校物化系统建设的主体，具有不可替代的地位，只有促进其专业成长，发挥其在建设中的主体地位，才能更好地助推物化系统建设。我们积极探索形式多样的活动促进教师专业发展。

1. 师徒结对，发挥老教师的"传帮带"作用

所谓"传帮带"是指有经验的教师对新手或经验不足的教师进行教学知识、技能及其优秀经验等的传授与指导，帮助新教师快速成长。学校定期组织新老教师结对，为期三年，按照相应的学科，新老教师双向选择，结成师徒。新手教师虚心向老教师请教，认真参与课程改革，跟随老教师积极探索自主高效的课堂教学。老教师根据学科特点，布置若干课程与教学任务，在实践中指导青年教师打好教学基本，掌握学科教学规范。如此一来，老教师可以充分发挥自身的优势帮助新手教师快速成长，使其在职业发展初期少走弯路。一位老教师谈到师徒结对时说："通过师师结对的形式，形成良好的教风。年轻的教师可以从年长的教师身上学习怎样成为一名好老师，老教师也会毫无保留地把教学经验传授给年轻教师，并以身示范师德实践。"

2. 开展以读书会为载体的教研活动，引导教师进行知识管理

根据教育教学过程中普遍遇到的问题或者是学校正在开展的课题研究，选定相关书目，确定读书会主题，要求不同小组的教师围绕主题进行读书、讨论与交流，并将读书成果生发到相应的教研活动中去。运用理论解决问题，又将经验转化为个体知识。将读书与课堂教学、课题研究结合起来，做到读、教、研、评一体化，具体操作程序如下图所示：

1　叶澜. 教师角色与教师发展新探[M]. 北京：教育科学出版社,2004,45.

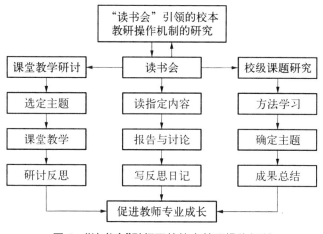

图6 "读书会"引领下的校本教研操作机制

3. 和而不同,制定教师个性化发展规划

为提升教师师德修养和业务水平,学校每隔五年研制《宁波市李惠利中学教师专业发展与培养规划》,具体规定培训任务、内容与形式,开展全员培训。以此为据,要求教师针对自己的发展状况与需求,自主规划个性化发展方案,有目的、有计划、有组织地实施规划,实现自我成长。

(二)丰富社团活动,满足学生多样需求

一般而言,社团活动是学生自愿组成,按照章程自主开展活动的非盈利性学生组织。广义的学生社团包括了学校中以学生为主体的党团及少先队组织、学生会。狭义的社团则与这两者有所区别,指学生党、团、少先队组织及学生会之外完全根据学生兴趣所建立的非盈利性学生组织,这些组织接受学生党、团、少先队组织及学生会的领导。[1] 学生社团作为学生课外生活

1　石中英.社团活动与社会主义核心价值观教育[J].中国教育学刊,2014(6):22-25.

的有益补充,不仅能够缓解学生的学业压力,丰富课外生活,而且可以激发学生自身蕴藏的潜能,陶冶性情。我校在学生社团的建设过程中,形成了自己的建设经验:

1. 多元社团,多样发展

李惠利中学自 1994 年 9 月成立第一个社团——南风文学社以来,发展至今,已有文学社、英语社、动漫社、汉文化社、模联社、编程社、戏剧社、摄影社、爱心环保社等 20 多个学生社团。在加德纳看来,智力的基本性质是多元的,不是一种能力而是一组能力,其基本结构也是多元的,各种能力不是以整合的形式存在,而是以相对独立的形式存在。学校开设如此多的社团就是为了满足不同学生的智力发展需求,只有在多样化的社团环境下,才能满足学生多样化的需求。这些社团皆由志同道合的学生组成,在学校有声有色的社团活动中,有些学生逐渐明白了自己的兴趣和特长,甚至找到了自己的专业志向。

2. 打造精品,推出成果

如果说"百团大战"是在数量上满足不同学生需求的话,那么接下来要说的"阳光艺术团"则是我校社团的"门面担当"。"阳光艺术团"成立于上世纪 90 年代,以其出色的质量与不俗的成绩被授予"宁波市中小学校园文化品牌"。十几年来,艺术团坚持培养学生艺术素养,创新艺术作品,挖掘艺术精品。舞蹈团从 2008 年开始,连续 8 年参加浙江省中小学生艺术比赛,已连续获得八次金奖。当然这样的成绩不是随随便便得来的,一位同学这样说:

> 又是一个丹桂飘香、橙红橘绿的秋天,然而参加展演的这个秋天对我们来说,却是不平凡的。经过了紧张忙碌的排练,终于迎来了期待已

久的合唱比赛。老师告诉我们,合唱是一项高于独唱的艺术行为,要将这项艺术做到极致,除了技术,最重要的莫过于团队精神。这短短的几个月,从唱谱到填词到稳定音高,再到最后的唱出情感和增强表现力,大家从原本的生疏到熟络,声音逐渐磨合,默契也倍增。那揉皱了的歌谱、因站立过久而酸麻的双腿、排练结束后漆黑的夜幕,不就是我们努力的见证吗?而由四十二个精神焕发、朝气蓬勃的少年组成的舞台,无疑是最闪亮的。我们是一个团队,团队里的队员缺一不可。"一花独放不是春",是啊,我们这四十二朵含苞待放的鲜花,用最动听的歌声,绽放出最美好的春天。第一首歌旋律优美抒情,宽广悠远,具有浓郁的草原气息,我们牢牢把握住缓慢的节奏,将曲调唱得十分连贯,充分做到了声断气不断,意犹未尽,营造出一派诗情画意。而第二首作品的曲风与第一首截然不同,它活泼跳动,欢乐而诙谐,我们随着欢快的旋律律动,完全沉浸在音乐当中,将强弱变化控制得恰到好处,完全再现了一个小人物忙碌并快乐的状态,并将宽广华美的结尾演绎得淋漓尽致。岁月斗转星移,但作品永远不会老去。多年以后,再偶然听到这两首歌,那些我们拼搏的日子,那些可爱的人儿,以及那些藏在心底的回忆,都会随之唤起,那时候,恐怕会泪目吧。不论最后的名次如何,收获了这样一段美好的时光,也就足够了。

(三)打造校园软硬文化,建设个性化、民主化校园

学校景观本身就是一种文化,环境文化建设是一项无声的工程。美丽的环境,和谐的氛围,成为了一部立体、多彩的教科书,学生目之所及,足之所涉,都能感受浓烈的文化唤醒。李惠利中学整个校园环境围绕"惠润每一位学生,利泽每一个梦想"的文化理念,以"教师与学生的梦想"为主题,突显

"惠利"教育文化。

1. 明晰个性化校园文化内涵

每个学校校园环境的建设,须从自身的历史和特色出发,包括自身所处的自然环境和社区环境,以及可以利用的资源等。有选择,有追求地建设自己的环境,使之符合自身的位置、角色的需要。李惠利中学在进行校园环境建设时,紧密结合学校历史发展与特色,力图彰显学校的个性。如校园文化墙包括"惠利"文化的起源、"教师梦"、"学生梦"、"艺术梦"、"世界梦"、"与象牙塔零距离"等几个板块。一方面做到详细介绍校史,感受李惠利先生夫妇与学校的渊源,深刻理解李惠利先生提出的"勤、俭、诚、实"校训,激发学生爱校之情。另一方面,将教师的梦想与学生的梦想一一展列出来,展现出一个不断圆师生之梦的学校形象。可以说,校园的每一个角落均体现适用、有效和可持续性的特点,张扬学校个性。

2. 创建民主化校园育人环境

学校的环境会对学生产生潜移默化的影响,"染于苍则苍,染于黄则黄,所入者变,其色也变。"为了充分发挥物理与人文环境对于学生的影响,在环境规划过程中,我们让师生参与进来,进行民主决策。"校训石"的设计就是一例。还有一例是关于黄鹂校区文化工程小木板颜色的选择。施工方曾拿着各种颜色的小木板让我来决定,这些可供选择的颜色共有16种,我看得眼花缭乱,不知采用哪个颜色更好。我认为颜色选择,各人有各人的喜好,每个人的选择可能都是不一样的。还是交给全体师生们选择吧。结果发现教师的选择离散度非常高,几乎没有一种颜色是大家选择比较集中的,学生选择的相对有一个颜色比较集中。最后,我就根据师生的投票,选择了学生选择相对集中的北欧红。由此可见,文化建设应由大家共同决策来取代领导"拍板",哪怕是选颜色这样的小事,也要让大家一起参与,即使最后选择的颜色一部分人会不喜欢,但因为是大家投票选出来的,结果也可以让大家接受。

(四)深化新课程改革,型塑学校特色品牌

1. 基于校训,建构课程体系

学校积极响应国家和省市的普通高中课程改革,充分考虑"一体两翼"格局,不断优化课程规划方案,建构"惠利"课程体系,涵盖普通教育、艺术教育、国际教育三大类别。课程规划与建构的过程是对校训进行逐级转化的过程,即"将理念逐级转化成不同类型或层次的学生素养,开发与之匹配的课程结构与方案或实施内容。"[1]在这个转化过程,我们想方设法,引导教师参与课程建设,使之充分理解并转化课程结构,设计与相关素养一致的课程纲要,并与学生一起付诸实践。只有当教师与课程、学生一起成长时,才能真正实现校训的课程转化。当然,基于校训开发的课程,数量上不是越多越好,而是越切合实际需求越好;课程类型不是越丰富越好,而是越匹配需求越好。校训对于课程,应做到"雨露均沾",惠及每门课程,而不是"鞭长莫及",只顾课程结构,不管课程纲要。对于校本课程来说,要防止泛化或碎片化。一方面,强调校训对培育各个层级素养的引领作用,将此作为筛子,剔除与素养不匹配的校本课程,筛选出适合学生的校本课程。另一方面,关注校本课程的结构与质量,将所开设的校本课程联结成具有逻辑关系的课程结构,并确保每门课程实现对学生素养的培育期许,以此支持学生获得有价值的整体经验。正因如此,我们的惠利课程已成为学校的一张靓丽名片。

---

1 郑东辉. 基于校训的校本课程开发个案探究[J]. 课程. 教材. 教法,2018(10): 131-136.

2. 以课题为抓手,深化课堂教学改革

为了建设好课程与教学这个产品系统,我们还通过与高校合作开展课题研究的方式,大力推进"自主课堂"教学改革。一方面,学校引进大学资源,加强对教师的培训与指导,特别是教学模式提炼、教学论文写作指导、教学方式变革研讨等,并利用每年暑期,组织教师赴大学进行为期半个月的教育教学培训。另一方面,修炼内功,引导教师积极探索适合学科和学生的课堂教学方式,积累基于大数据的精准教学经验,打造融合信息技术的自主课堂样态。

第三部分　惠利文化故事

　　在学校文化建设过程中,师生越来越认同"惠利"文化,积极地将文化情感投入到日常教学中,深度参与,反哺文化建设,其中涌现出许多感人的故事。如果说文化建设给人以抽象、程式化的印象,那么一个个具体生动的文化故事将以叙述的方式让人身临其境地感悟"惠利"文化。为此,我们收集这些故事,将故事分为"惠心利人"和"利泽梦想"两类,记录师生员工的所做所为、所思所悟,记录"惠利"文化生命脉搏的每一刻跳动。

第六章 惠心利人的故事

　　学校创办之初,宁波市教育委员会为表彰李惠利先生的善举,在学校大厅中立下石碑,上书"惠利乡井、造福桑梓"八个大字。如今,"惠利"两字不再只是一个名字,一种品行,更是学校价值系统建设的根基和灵魂。"惠心"即惠人之心,它的本质就是对他人有一颗关怀之心,落实到具体行为层面,则是要"利人",利于他人,即施益于他人,尊重他人利益,有益于社会。值得高兴的是,这样一种学校文化确确实实存在于我的所见所闻中。往近了说,比如我的学生助理团,在他们的帮助下,我有了更多了解"民意"的窗口,学生了解学校发展动态也更方便了。往具体了说,在一间间教室里,师生共同参与教室环境改造,建设班级制度,老师们用规则制人,用规则育人,用规则爱人,学生们融入了集体,感知了文化,爱上了学习。当师生成为了朋友,哪里还会有教不好的学生,搞不好的班级文化? 再看看我们校园,校训石无疑是道靓丽的风景线,我常常看到老师同学们在那驻足欣赏,也听到大家无意间的赞美。由表及里,校训石带给我们的不仅是典雅端庄的审美享受,更是"勤、俭、诚、实"的精神劝勉。当然,"利人"终极目标是要为社会贡献力量。因此除了好好学习,学生还积极参加社会活动,把一次次志愿服务做好,既锻炼了自己,也为社会贡献了一份力量。这样的故事有很多,经多方征集,我们呈现部分精彩故事,展现"惠心利人"的动人景象,感恩我们的文化建设者。

故事一　小小教室里的"乌托邦"[*]

　　学校制度是学校文化的集中体现,反映着学校组织的基本信念、价值观念、道德规范和管理哲学。当学校制度和学校文化融合之后,就形成一种制度文化。这种文化渗透在学校的方方面面,具体到班集体中,就变成一条条班级规范。如何构建专属于我校惠利文化下的班级文化和制度呢? 1903班的全体师生为我们找到了答案。在那个小小的教室里,师生集思广益,将"大"的"惠利"文化与"小"的班级制度结合在一起,使每个人每一天都能在自己的学习园地感知、学习、践行"惠利"文化。它不仅成为学生学习的动力、情感的依托,更让环境这一物质文化的育人功能发挥到极致,成就学生的优秀个人品质和教师的幸福教学生活。1903班师生的班级文化建设故事,让我们看到了物化系统与制度系统共育师生精神家园的文化魅力。

——题记

　　1903班是一个由30位女生和3位男生构成的小集体。以女生为主的人员结构,让这个班集体充满了女孩子青春细腻的气息,当然也不乏男生一般的英气。他们自发自愿地将小小的教室一步步地打造成充满梦想和欢乐、民主和自由的一方小天地,构筑着属于1903班的精神家园。

---

　　[*]　本文作者为张琳娴

打造我们的"自主空间"

"羡子年少正得路,有如扶桑初日升"。1903 班的同学们正当青春年华,心中的阳光来自于崇高的理想,青春的航线由志气掌舵。他们不甘被束缚,不甘被压制;他们渴望民主,渴望平等。因此,1903 班在班级物质文化建设过程中,不管是班级制度制定,还是座位的安排,抑或是教室的布置,都不是我一人之言所能决定的,而是同学们在民主、平等、健康的氛围下一同完成的。他们对班集体投入了很多的情感,可以说班级里的每一个物件的摆放与设计都寄托了同学们的希望。所以,当大家以主人翁的姿态,看着他们梦寐以求的学习园地在一步步地生根、发芽、结果、开花时,他们是欣喜的、激动的、愉悦的,他们开始自觉遵守着班级秩序,细心品味学习所带来的乐趣。

学生自主空间的打造由班级黑板左侧考核表的设计开始。最初,同学们只是在我提供的班级制度的初稿下,花费了 2 节班会课的时间,共同商讨出一份班级制度的适用稿。此后,为更好地履行班级制度,同学们又自发设计了由班级制度衍生出来的具体实施考核记录表,督促自己的一言一行。考核表记录着加分,比如上课积极发言,为班级做出贡献,在比赛上获奖;也记录着扣分,比如在教室吃零食,不认真听课等违反班规的行为。当然,考核表实施的初期,我的内心是有顾虑的,怕扣分太多打击了同学们的自信心,甚至让他们觉得很没面子,从而失去了对班级的热爱。然而,事实证明是我多虑了。那以后的 1903 班,团结如一股绳,积极向上。后期,随着班级面貌的不断变化,他们自己制定班规,完善班规,并自觉遵守着。渐渐地我发现,班规里面的加分项越来越多,也许这就是我们所追求的学生多元化个性发展的体现吧。可见,考核表看似只记录着每一天发生的平淡的点点滴滴,实则在潜移默化中引导着同学们的一言一行。运用考核表记分的目的并不是打压学生,限制学生,更多地是想通过加分,鼓励学生更好地发挥实力,凸显才能,促进学生全面的发展,个性化的发展。

　　班级座位的安排也是学生自我空间改造实践的一部分。"一桌两人,每组两列,四大组"这样的教室布置已是司空见惯了。但是 1903 班的同学们并不这么认为,他们觉得教室课桌摆放是一门艺术,它是教室的一部分,如果设置合理,他们的学习效率也许会得到很大的提高。起初,我们的教室采用的是两小排一大组,共四大组,面向教室讲台排放的布局方式。但在具体实施的过程中,我们发现这样的布置会造成教室的前方太过拥挤,而后方却空荡荡很难加以利用的情况。考虑到班级人数较少,教室的空间足够给每个学生提供更大的个人座位范围,我们将座位由四大组调整到了三大组。但这样一来,有部分同学距离教室非常远,导致看不清黑板和屏幕,听课学习时很容易疲劳,与此同时,也有个别同学提出了想要单独一桌的请求。于是,我们最终决定将课桌分布调整为三大组加一小组的排列格局,这样的设置方式增加了每个学生的座位空间,方便学生出入,减少相互干扰,同时满足个别学生的特殊需要。除此之外,针对部分同学上课容易走神、爱吵闹的特点,教师讲台的两旁还另外设置了空位,专门提供给那些学习有困难、需要教师和学生们给予关注和鼓励的同学,帮助他们提高听课效率和学习效率。值得一提的是,在同桌的选择上,我将选择权完全交给学生,让他们将自己心仪的同桌名字写在纸上,如果两人心目中的同桌就是彼此,那么自动配对。当然,这一方式能够实施的前提是学生能自觉地保持课堂的安静,之后再根据同学们的身高、视力、成绩等特殊情况进行微调,追求学习"利益"最大化。实践证明,我们班采用的新的排列课桌效果显著,已经解决了许多班级的特殊问题,同学们关系更加融洽了,成绩也有所提升。这样的空间改造较好地切合了所有同学的自身特点，也更利于班主任班级管理。从此，特色座位排放成为了我们班的一个亮点。

除了精心规划班级制度和座位排放，同学们还在教室里的各个角落大展身手，试图让教室环境变得更加温馨、美观。比如，教室外面的小黑板在不断地"升级"。作为班主任，我经常会有很多琐碎的事情需要处理，琐碎到即使用小笔头记下来都会忘记，所以我必须及时将信息传达给学生以免遗忘。于是，我在门口摆放了一个小黑板，把重要信息写成小标签贴在上面，如此一来，凡是通知、背书内容之类的信息，同学们不用通过老师亲自转述接收，在进出教室之间便能被及时传达。可以说，小黑板是我们1903班师生之间信息传达的桥梁，是让整个班运作在更加高效的平台。由于小黑板有磁性，放上一颗吸铁石的时候，神奇的力量就出现了。现在，有不少同学会把自己最喜爱的磁铁款式带到教室里装饰小黑板，有可爱的爱心型，也有小猪佩奇图案，学生们试图用自己的方式，表达对小黑板的喜爱与感谢。如今，小黑板上已经贴满了各式各样的磁铁，既使这块黑板传递信息的功能得到最大的发挥，又能装点、美化教室，成为我们班级一道靓丽的风景线。

学期末，我被学校安排赴澳大利亚研修三周。那时的1903班，处于没有班主任的"真空"状态。按照以往的情况，班主任离开时间过久，学校会安排一位临时的班主任，可是我们班没有。因为，我信任他们的自律与自觉。果不其然，在澳洲，一个时差比中国早2个小时的地方。每天一大早，我便可以在学校群里看到1903班被点名表扬的照片，深感欣慰。也许，这就是"老师在与不在一个样"的真实写照，这里就是无为而治的"自由空间"。

打造我们的"欢乐世界"

1903 班的同学们总说："人生苦短，我们要学习自己找乐子"。于是，他们用心布置着教室，周围处处点缀着枯燥学习生活里的那一点点逗趣而又可爱的心意。我们的教室里有很多的墙贴，这些都是学生自主申请，全班投票表决之后贴上去的。在上墙之前，我总要问问同学们，为什么你要选择这个墙贴，他们各有各的理由。久而久之，我发现墙壁会说话，为我们在"学海无涯苦作舟"的时候带来了许多欢乐。

比如，当前墙面上有"我要当学霸"这一墙贴，它想要告诉学生的信息是：每一个同学都应当是积极进取、勤奋努力的。如果其他同学在争分夺秒埋头做题的时候，他在睡觉；如果其他同学去向老师请教问题的时候，他还在睡觉；如果其他同学认真听讲，与老师积极互动的时候，他依然在睡觉；如果放学回家，其他同学在废寝忘食做课外辅导练习时，他还是在睡觉。这只会虚度了光阴，蹉跎了岁月。事实上，每个人都有成为学霸的潜质，每个人也曾经梦想过要成为学霸。但是如何成为一名学霸呢？墙贴上的小人，简单直白地告诉了我们，那就是："其一心怀奋斗之心，其二执行奋斗之行。"也就是说，想要成为一名学霸，有三个切忌：切忌没有明确的任务目标，用"心理满足"衡量努力程度；切忌只求寻找经验，不去切身实践，只用"经验满足"代表努力程度；切忌浮于表面，不愿深究，用"交代满足"和"虚荣满足"代表努力程度。

当然，1903 班的同学们都不是"死读书"，也不是"读死书"，更不会"读书死"。他们的目标是"笑对人生"。"再烦也别忘记微笑，再急也要注意语气"。"微笑"的概念，最早是我提出来的，因为想让学生在生活中，多一些欢乐，多一些正能量。后来，同学们赋予它更多的含义，他们认为：在与同学交往的过程中"微笑"这两个字作用巨大。在刚来到这个班级时,每个学生对彼此都是陌生的,在校园中认识的人也寥寥无几。此时,微笑就如同一张网,将师生之间、生生之间的关系越拉越近。因为微笑,我们不再是陌路人,成为了彼此学习的好伙伴、生活中互帮互助的好朋友,甚至亲如一家。在1903班,大家从来没有发生过什么争执,有说有笑,相互分享着生活中的趣事、学习中的经验,为了集体荣誉不断努力、共同拼搏,形成了其乐融融的良好氛围。渐渐地,在学习的过程中,"微笑"也如同苦夏的一缕清风,让学生们在学习的压力中感受到了一丝的惬意。平日里,枯燥乏味、堆积如山的作业有时不免让人感到烦躁,巨大的学习与竞争压力时常消磨着我们的意志。但是,每当心烦意乱的时候,1903班的学生们总会想起墙上提示的"微笑的力量",他们会深吸一口气,再给自己一个大大的微笑,暗示自己笑对人生,坚持到底。

令我意外的是,"考试必胜"也是同学们的最爱之一。当初班级同学贴上这个墙贴,主要是为了激励自己好好学习。然而,"考试必胜"并不只是一个口号,当它上墙的那天起,我们教室就经常处于一种很安静的状态,大家都会奋笔疾书,埋头学习。现在,离高考还有一年,很多同学已经认识到是时候放下手中的电子产品,像那只小兔子一样拿起书本,坚定地对自己说:"考试,我必胜。"真心祝愿每一位同学,合上笔盖的刹那,有着侠客收剑入鞘的骄傲。

最后,我还想说说柱子上的那条墙贴:"成功三要素:1.坚持,2.不要脸,3.坚持不要脸。"这条标语直白地指出同学们在学习的过程中遇到不会的问题要不耻下问。因为没有人是完美无缺的,每个人都有自己的短板,就像木桶原理所述:一个水桶能装多少水取决于它最短的那块木板。但是,人可以通过学习不断地进步,这种进步不仅仅是通过自我学习,还可以通过向他人学习。遇到别人的学习方法比自己的更好、更高效的时候,要懂得求教。当然,"不要脸"只是一种幽默的说法,它实际上是在鼓励学生要多提问,善质疑,乐于向他人学习。在不少的班级里,尽管老师反复重申要问问题,但是课堂内外,真正乐于问问题的同学寥寥无几。先前的 1903 班也是如此,老师的课堂答疑环节经常一片沉默。后来,在墙贴的鼓励下,同学们在课堂上变得更加自信大胆,敢于向老师提出自己的疑惑。渐渐地,课间、放学后,我们经常可以看见一堆同学围着老师,咨询、探讨着问题。一开始,我怕他们只是流于形式,在我的"高压"下被迫提问,但后来发现,他们是真的爱上"求知"的自己,并自得其乐。

当你踏进 1903 班,也许你听不到朗朗的笑声,但是迎接你的一定是那张张笑脸。在这个我们亲手打造的欢乐世界中,1903 班的同学们健康成长。

打造我们的"奋斗热土"

"业精于勤而荒于嬉,行成于思而毁于随"。1903 班的同学们热爱学习,在这个和谐友爱的集体中,每个人都为了实现目标默默耕耘。学习虽如啖饭饮水一般平常,但每一天都需要同学们在踏实笃定中坚持,在互相激励中进步。

学习园地是班级物质文化一个重要组成部分。1903 班的学习园地记录着每个人的进步和成长,大家写的优秀作文,翻译的优美的英文诗,还有工整的作业笔记都会在此展示,当然也包括学校及班级对于学习成绩突出同学的表彰。同学们会常常在此驻足,为自己的进步而欣喜,被别人的优秀表现所激励。学习是一个自我发展的过程,它的本质是前进性和曲折性的统一。每个人都在努力,但不免会有失意、彷徨,然而学习园地却让人看到自己的不足,懂得学习是个逆水行舟的过程,学习别人的果敢和率性,让自己保持积极心态。1903班浓厚的学习氛围,离不开学习园地,离不开每个人的信念。此外,学习园地还张贴了学科竞赛、作文竞赛、学考选考、学校大考的通知说明,这提醒着我们终要走出这个教室去检验我们的努力,要懂得勇于竞争,顽强拼搏。学习园地还有很多学习委员精心准备的"学习小故事""学习小方法""学习小贴士""学习励志语录"等,帮助大家不断修正学习方法,自检自查,让努力的方式更加科学,努力的目标更加明确。

学习园地一旁是班级的荣誉墙,这些奖状不仅能够形成催人向上的学习氛围,成为班级和学生发展的驱动力,而且能够促使学生孕育信心,充分感受到集体的力量,产生强烈的集体荣誉感,从而增强集体的凝聚力和向心力。更加明确作为集体的一分子的责任和义务,激发起为了集体的荣誉尽自己最大努力的强烈愿望。

当每一个同学都以登上学习园地和荣誉墙为荣时,他们才会为之奋斗。随着随来越多的同学滚动登上荣誉之墙,身为班主任的我深感欣慰。有时候,我甚至在怀疑,不是我激发了1903班孩子们的斗志,恰恰相反,是他们教会了我,要秉持一颗不断渴望成功、渴望成长的心。

打造我们的"个性名片"

走进1903班,你最先看到的,必然是教室后面的那块大大的黑板报。它用最直接的方式——"1903"字样告诉了大家,这是我们的家,多么自信地宣扬着1903班的"我们"。

在黑板报的布置上,宣传委员和热心的班级成员们可谓是用心良苦。他们前前后后设计出很多的版本,有主题式的,也有功能式的。最后,大家决定采用半固定式,由多个元素组成的样式。海报中央,是大大的黄色卡通数字：1903。它占据黑板中间大块面积的空间，使每个看到它的同学都意识到三班是一个整体，这里没有自私自利，只有团结奋进，共同为了未来奋斗。不仅自己要变强，还要跟同学们一起变强，让班级的平均水平步步提升，成为更好的自己，形成一个无坚不摧的班集体。它的两侧各有两个蓝色卡通小人，一个捧书，一个举手，活泼开朗的形象就如1903班的同学们，在艰苦的学习生活中依旧保持活力，不怕累，不怕苦，勇往直前，奋发进取。背景由渐变的粉色铺垫，"粉色"凸显同学们对色彩与艺术的热爱，更宣扬了同学们不传统、不刻板的个性主张，"渐变"代表着用向上的心态面对每一天的努力与进步。最直白的是黑板上的几句提醒语："入座则学，入室则静"，这是同学们良好的个人修养体现。同学们团结友爱，畅所欲言，但是他们不会影响同伴们的学习生活，也不影响自己的学习。保持班里的安静环境，营造良好的学习氛围，这也是同学们共同的希望。

当然，一个班集体，它并不可能完美。同样的，1903班也有很多自己的问题。针对个别同学乱扔垃圾等不文明现象，采用幽默诙谐的文字，通过黑板报进行告诫。如"弹纸一挥间，谈笑尽失焉"，意为：弹指将纸屑丢到了地上，然后就没了风度，提示同学们要做文明人，做文明事，维护好班级优良整洁的学习环境。我们深知环境造就人，环境好了，人品好了，才能更好地学习，事半功倍。

黑板的下面一条边上"种"着五棵草，每棵草都有两个空心的叶片，里面是每天每节课的作业，由每门的课代表负责。他们总是及时将作业填充在叶片里，使班里同学写作业更及时，不漏写，养成当天的任务当天完成的好习惯。同时又加快了收作业的进度，节省些宝贵的晨读时间，开启书声朗朗的一天。之所以选择小草，也是因为小草"一岁一枯荣"的顽强与坚持，正如学习，不是短暂的兴趣使然，而需要路漫漫其修远兮的长期过程。

这就是我们1903班的黑板报,也是我们共同打造的"个性名片",一个班集体成员共同塑造的用心好作品。

打造我们的"精神家园"

1903班是政地班,一直以来,同学们都不知道用什么彰显班级的"政地"选课特色最为合适。开始的时候,同学们想到了用世界地图来凸显,但是这个缺乏创意。与此同时,政治科目的特色似乎除了利用好团角以外,也很难凸显。正当我们愁眉不展的时候,学校组织了一次爱心义卖。原本大家只是抱着单纯献爱心的心态,去看看有什么竞拍物,谁知,一架"广州号"驱逐舰原舰的闪亮登场,一下戳中了我们班Y同学的心。她很想把它买下来,于是不断地加价。但是当价格拍到270元时,主持人进一步展示了航母,将其瞬间通电,通电后的航母更是熠熠生辉。正当Y同学以为270元可以板上钉钉带走航母时,突然有位老师直接报出来他心目中航母的价格400元,这对学生来说,绝对是个很高的价格。此时,Y同学有种万念俱灰的感觉,她真地很想把它买下来,但是,钱不够怎么办? 于是,她说出了想要把航母送给班级的想法。在S同学的积极响应下,1903班的同学七拼八凑一起叫价,势在必得。最后,以500元的金额,拍下了刘校长珍藏多年的"广州号"驱逐舰舰模,用来作为我们政地班的镇班之宝。

"广州号"驱逐舰原舰,属于旅洋Ⅰ级驱逐舰,是中国自行研制建造的052B型驱逐舰首舰。该舰长154米,宽16米,满载排水量5 850吨,是具有防空、反潜、反舰、具备舰队区域防空能力的多用途驱逐舰。"广州号"驱逐舰是中国海军"大型远洋驱逐舰"计划中的第一艘实用舰型,国家"九五"计划和"十五"计划的重点工程之一,对于我国的海军建设有着深远的意义。作为国家主力舰的"广州号"驱逐舰,曾多次远赴俄罗斯、印尼、英国、西班牙和法国等国进行友好访问,向世人展示了我国海军的新面貌、新气象,也曾参与了亚马丁索马里海域的反海盗护航任务,为维护国家利益和世界和平作出了贡献,收到国际社会的广泛赞誉。

而我们班之所以对于"广州号"舰模势在必得,也是因为该舰象征着我们政地班同学扬帆启航,乘风破浪,不断攀越巅峰的精神风貌,表现出我们政地班同学不惧艰辛,一往无前,勇于挑战自我的精神。在刘校长郑重而又不舍地把舰模交到我们竞拍代表手上时,他殷切地希望我们政地班同学要牢记"广州号"舰模所象征的意义,不要辜负了学校领导和老师对我们的期望,更不要辜负父母对我们的一片良苦用心。

这次"广州号"舰模的竞拍成功,极大地增强了我们班同学之间的凝聚力,进一步强化了爱国主义情操。同学们通过这次对"广州号"舰模竞拍的关注,掀起了地理和政治的学习热潮。更多的同学自发去了解"广州号"驱逐舰曾经到过的国家和海域,了解通过军事访问和亚丁湾护航所带来的深远的政治意义,学到了很多书本上没有的知识。可以说,"广州号"舰模已经成为我们政地班的班级象征,成为我们努力学习的动力所在。每个同学都视若珍宝,或多或少的赋予了它更多的象征寓意。我希望,在"广州号"舰模的影响下,在刘校长和任课老师的希翼下,明年此时,我们政地班的同学,定不负老师、不负父母、不负自己!

小小教室里的布置,从无到有,一点一滴地被同学们所丰富着,寄托了他们的希望,也承载了他们的理想。我希望给他们最大限度的自由,但并不是完全的自由,我想让他们尽情释放其才能、个性与想法,在最灿烂的年纪。现在,这个教室,井然有序地盛满了孩子们赋予它的意义。这就是他们的乌托邦,一个他们理想中的学习家园。此时此刻,当我再看到教室最后方的"We are family"时,倍感欣慰,因为它不再是空想,而是事实。看着孩子们一张张灿烂的笑脸，运动会上尽情挥洒汗水的瞬间，春游时明媚动人的身影，我想，无论过去多久，他们依旧鲜活如初。

故事二　解密学生校长助理团[*]

为了增进学生与校长之间的联系，便于学生更深入地了解学校发展动态，学校专门组建了一个由学生竞聘上岗的特殊组织：校长助理团。下面就是助理团成员参与和组织的一系列"惠心利人"校园活动的故事。助理团成员定期邀请学生代表与校长共进午餐，一起交流、沟通关于学校活动、学校环境、学校制度等方面的想法；协助学校，举办以"我眼中的校训石"和"我眼中的校园"为主题的征文活动；开展弘扬惠利文化"回收塑料瓶"的爱心公益活动。我想当助理团成员回首任职生涯中的点点滴滴时，他们会感受到文化建设所带来的成长收获与幸福。

——题记

时光荏苒，岁月如梭，我们在李惠利中学的育才校区度过了紧张而充实的一年。在那个特殊的校区，工作的开展存在一定的难度，但幸运的是，校长助理团在全体老师和同学的支持下，圆满完成了一学年的工作。下面，就让我们一起解密学生校长助理团身上发生的那些故事。

我与校长共进午餐

学生校长助理有个每月雷打不动的工作，就是代表校长邀请优秀学生

---

　　*　本文作者徐力钧、包成亮、章柳妮、陈齐悦、黄佳慧

以及自愿报名的学生代表与校长共进午餐。其实,这项活动的主要流程就是几个人围坐在桌子前,一边吃着学校精心准备的美食,一边交流讨论这个月同学的烦恼以及对学校的各种建议。在"与校长共进午餐"活动实施之初,其实并没有我们想象中的那么顺利。当我们在学校想要广泛征询同学们的意见,挑选出学生代表与校长用餐时,发现许多同学还是不愿意反馈问题,更不愿意参与到这个活动里来。因为很多同学对于校长怀有敬畏之情,觉得和校长共餐简直是一件很让人"面红耳赤"的事!而且,同学们在对学校能否采纳他们的意见,解决他们的难题这一事情上半信半疑。以上这些顾虑让我们的工作一度碰壁,全校上下甚至凑不齐一次用餐的名额。在第一次"寻人"策略失败后,我们换了一种方式,从广泛征求意见和要求学生自愿报名变为主动邀请为学校获得荣誉的同学,或者成绩在学校拔尖的同学,希望他们能在用餐时分享一些学习的经验,同时也提出自己对学校建设的一些想法。事实证明,这一策略的改变卓有成效,收获了很多有用的建议。

　　记得那是一个风和日丽的中午,学生代表们被安排与校长共进午餐。初次见到刘校长,首先映入我们的眼帘,是一张与想象中截然不同的和善面孔。亲切的微笑安抚了紧张的心情,也拉进了刘校长和我们之间的距离。进入"小包厢",餐盘已经整整齐齐地摆放在餐桌上,刘校长率先入座,我们几个也随之依次落座。第一次和刘校长见面,大家都非常拘谨,带来的满肚子的问题也被饭菜压在喉咙里上不去下不来。刘校长看出我们的困窘,便笑着抛出话题,一点一点地引导我们勇敢开口。渐渐地,气氛逐渐缓和,大家慢慢地你一句我一言地讨论开来。最吸引我们的莫过于春游,这个问题最先被蠢蠢欲动地提出,刘校长向我们介绍了我们李惠利特有的春游计划:高一体验大学生活进行人生规划,高二去游玩放松心情,高三聚餐减轻压力,每一年的春游活动都十分贴近学生阶段性发展特点。接下来,刘校长也向我们征询意见，包括后续楼梯口的图书角、无人小卖部的营业和回收垃圾工作的开展等等，大家都十分积极热心，踊跃地提出自己的看法和建议。有一个同学提出了设置"防雨顶"的建议。我们教学楼到食堂的路上有一个会被雨淋的走廊，如果下大雨的话，地面会非常的湿滑，已经有不少同学在这条路上栽了跟头。而且，由于路上排水系统不太好，经常会积大量的水，同学们有时候从教室走到食堂，鞋子就湿哒哒了，影响学习生活和身体健康。在"防雨顶"的想法被提出之后，刘校长非常重视，不久，我们学校就新添了雨棚，为同学们用餐提供了便利。

另外，还有学生向校长反映了寝室生活中存在的不方便、不科学的问题：比如熄灯时间和浴室的使用情况。刘校长十分耐心地倾听并和我们一一商讨对策，承诺会为大家解决日常生活中的各种问题和不便之处。果然，刘校长言出必行，很快便想出了应对方案，并且立即实施。考虑到学业繁重，尤其在考试周，熄灯时间由十点准时熄灯更改为十点二十分，给予大家充分的复习时间。这样一来，同学们开小台灯进行挑灯夜读的现象少了，既保护了同学们的视力，又保证了大家的睡眠，两全其美。还有，寝室的洗浴条件比较简陋，同学们通常需要排长队等候洗澡，常常等到黄花菜都凉了，心里很不是滋味。针对这样的现象，校长决定实施错时洗澡的方案。从八点四十分至十点这段时间里，每个寝室分配到二十分钟的洗浴时间，这样一来，同学们不会因为排队而浪费时间，在没有轮到的时间里，可以学习或整理内务，提高效率。学校也密切关注硬件设施，同学们早上发现水龙头坏了，晚上回到寝室就已经修好了。正是学校这样高度的重视，才使原本简陋的宿舍变得越来越温暖，不少同学渐渐地感觉回到宿舍就像回到自己的家一样，越来越好的宿舍可以洗去大家一天的疲惫，在李惠利中学生活，是幸福快乐的。

毫不夸张地说,在全程参与过"与校长共进午餐"活动之后,我真真切切的感受到了校长对学生学习环境的重视(他仿佛就是一个富有魔力的大家长),我们在学校中所遇到的学习、生活中的烦恼都是可以被解决的。与校长用餐的时光虽然短暂,但让我们感到弥足珍贵。我们看到的不仅仅是刘校长对我们的关怀,更是李惠利中学对学生身心健康的看重,让我们看到了"惠利"文化中"惠润每一位学生,利泽每一个梦想"教育理念的实践外化,让我们对学校倍感信任与自豪。

举办校园文化活动

在寒假里,我们接受了一个任务,为了让同学们更好更深地理解"惠利"文化,在政教处老师的协调下,发布了一项"我眼中的校训石"和"我眼中的校园"征文与绘画活动。这是同学们可以自愿报名参加的活动。一开始没几个人参加,后来,通过我们一个班一个班地做工作,发动了很多同学参与此项活动。参与的同学积极性很高,结果出人意料得好。同学们不仅文章写得好,画作也很有新意。我们将这些优秀的作品以学校微信公众号的方式进行推送,让更多人看到和了解"惠利"文化,还将绘画制作成明信片,以表纪念。

开学之后,日常工作渐渐熟练,我们迎来一个更大的挑战。在校长的提议下,我们将筹办"回收塑料瓶"爱心公益活动,即将每班的饮料瓶回收变卖,将钱存入"惠兰壹基金",成立爱心社团。一个月后,我们开展了一次大型义拍义卖活动,吸引了全校师生参加。每个班在操场上摆上自己要卖的物品,老师们也纷纷捐献自己的物品,各种叫卖声,各种美食,混杂着汗水、热情和爱心,活动场面十分火爆。在义拍会上,校长更是献出自己珍藏多年的军舰模型,同学老师们叫价声迭起,最后的活动圆满完成。每个人都搜罗到了不少好物,这样的活动不仅增添学生课余时间的乐趣,也展现了我们李中的爱心力量。所有的拍卖义卖收款都一一存入"惠兰壹基金",希望可以帮到那些比我们更需要这笔钱的孩子们。

每月例会的考验

在每个月的例会上,刘校长都会和我们交流之前工作的开展程度,布置新的任务。每次接到新的任务,我们都会很开心的积极筹备,但真正做起来了,才知道一切都没这么简单。这里举两个例子。先说爱心伞吧,每个月总有那么几天下雨,而同学恰巧没有带伞,给他们的出行造成不便。于是我们准备几把雨伞放在大厅,可以供同学们借用。虽然,以前也放过类似的雨伞,结果都不尽如意,但我们总是想为同学们多考虑,决定还是继续摆放爱心伞。刚开始,雨伞十把总是有七八把在的,看着同学们撑着学校的爱心伞,我们也会觉得暖心。但时间一长,雨伞便一把一把减少,到最后只剩孤零零的架子。这把雨伞,其实不仅是挡雨的,更是对同学们诚信的考验。后来,我们采取进班级宣讲雨伞与诚信的关系、集会上呼吁同学尽快归还雨伞、定期监管雨伞等办法,雨伞才慢慢有借有还,逐步稳定下来。

再说说读书漂流活动。刚开始的时候,为了方便同学们取阅,我们把书架安放在了大厅。每个班的团支书负责收同学们交上来的书,并做好记录,统一放在书架上。我们还在书中放了明信片,希望同学们在借书的过程中,交到新朋友。但因为我们经验不足,忽略了很多细节,以致在后期开展中,问题不断暴露出来。比如:书架上的书不翼而飞,一开始的名单并未好好保存,对于同学们一开始交上来的书未说明是借的还是捐的,后期耗费我们许多精力一一询问。在最糟糕的时候,我们大家都不知所措,不知道应该从哪个方面对这个活动进行整改。它就像是个满是漏洞的大坝,先补哪个洞,结果都是一样的,丝毫不能抵御洪水的入侵。在这个时候,团委陈俊老师告诉我们,不管从哪里开始,都要选择一个最重要的先补,书丢了,就要先把丢书人的名单弄好。我们分头行动,花了不少精力整理名单,才慢慢将此活动持续下去。

尽管过程非常艰辛,这却是我们最宝贵的工作经验。"凡事预则立、不预则废",一个好的计划比满腔热情重要。我们需要这样的舞台去磨练自己,在挫折中进步,于失败时反思,于成功时雀跃。

助理的苦与乐

学生校长助理这个职位,说难也难,说不难也不难。难的是它的工作琐碎,并没有一个主要负责的工作方向;容易的是,它更多起到的是一个上传下达的作用,一个辅助的职位。在传达中,我们要学会抓住重点,清晰明了的传达校长交给我们的任务,这恰恰是最难的。因为如果传达不谨慎,让别人误解了意思,那接下来的工作便会因为这一次次的弯路,越来越偏离正轨,越来越难以弥补。

有人问,当学生助理不累吗?是有点累,毕竟学生都还是十几岁的年纪,涉世未深。可是每当做完一件事回过头看看以前的自己,就很不一样了。正是一件件的事,一次次的努力,才成就了今天的我们,钢铁都是要靠打磨的,唯有坚强的意志力和敏锐的应变能力才能让人在一片领域占有一席之地。天行健,君子以自强不息,这样欣欣向上的态度才是李中学子应有的表现。每当我遇到舆论的压力时,就想起老子的一句话"多言而数穷,不如守中",与其争论,不如让自己做得更好。依稀记得我在竞选时的发言:我来竞选学生校长助理,什么都不为,只为让自己不后悔。

在这一年的工作中,我们是真真实实感受到自己的提升。我以前总是很胆小,心理素质很差,但因为这一次次的历练,渐渐放开了自己,敢说出自己的想法,敢做负责人带领同学们完成一个又一个任务。大家都知道工作与学习是要打架的,很有可能两边都顾不好,或者偏向一边不平衡。通过学生校长助理这份工作,在老师们的指导下,工作与学习却能很好地结合起来,做到两不误。也许这就是学生校长助理团工作给予我们最大的收获。

故事三　艺术班的"规则" *

艺术班不同于普通班,我常常在想,怎样进行班级文化建设才能更好地服务于这些孩子的艺术成长。艺术班的师生们给了我一个惊喜,让我看到了班级规则带给艺术生们的变化。下面的故事就讲述了他们在制定与完善班级规则过程中,师生间发生的因"食物"而"斗智斗勇"的两件趣事。在艺术班,为了帮助学生们提高学习效率,控制体重,有两则规定:一规定零食不能带进教室,二规定舞蹈生要保持合理的体重。一开始,爱吃零食的同学们绞尽脑汁地与这两条制度"作斗争",只为能多吃一口零食。随着时间的推移,在制度文化潜移默化的浸润下,学生们慢慢地接纳并遵守了制度。这一故事体现了我们李惠利中学以"制度"来"惠心利人",老师们用制度制人、用制度育人、还用制度爱人的教学艺术。一条条食物的"封杀令"看似冷酷无情,实则背后暗含着老师对学生的关心与爱护,是老师对学生成材成人的美好希冀。此时,我不得不感慨我们师生对学校文化力量运用的娴熟,课堂内外,学校文化就像是一张无形的网,既规范着学生的行为,也帮他们搭建着通往成

＊　本文作者为朱笛、汪婧雯

功的阶梯。

——题记

在我们李惠利中学,艺术班的孩子们是一群特殊的存在,他们的特长引人注目,他们的个性丰富多样,整个班级活泼朝气、个性十足,时不时会给老师们来个小小的、别样的"惊喜"。当然,面对这样一群小猴孩子,艺术班的老师也是"八仙过海,各显神通",一些特别的制度就这样新鲜出炉了。

教室里不准吃零食

第一次担任班主任,我就接手了艺术班。一开始,我就做足了工作,向先前艺术班的班主任求教,摸清了艺术孩子的脾性。考虑到班规制定太多,孩子们也记不住,难执行,所以我只提出了几条核心班规,尽管数量少,但是条条都直戳同学们最敏感的神经。首要的就是教室里不准吃零食!关于"零食"范围的解释权,当然在于我!我"简单粗暴"地规定:除了液体类的可以带入教室,其它的都不允许。水果?不可以!冲泡类的奶茶?不可以!哎,作为一个政治老师的我,在这群孩子面前只能这样不辩证,不具体问题具体分析!美名曰,为了大家保持身材。

从一接手艺术班,看到这群孩子,我就意识到艺术班的孩子多数都是比较有个性的,讲究自我天性的解放,这是作为艺术家的基本要求嘛。可能有时候还会出现对学校的个别规定嗤之以鼻的情况。考虑到学生们可能会钻制度的空子,于是我干脆来了一个"一刀切",三令五申,一再强调,在教室里不允许吃零食!这对于孩子们来说简直是个晴天霹雳,令我意外的是,同学们听后,表情似乎没有太大的变化,更没有叽叽喳喳交头接耳发表意见的声音。事后听同学们说,其实每个人都表面淡定,内心则是波澜起伏。班里的纪律委员是这样给我描述的："您前脚刚走出教室们，同学们就开始在教室里展开了'教室里不准吃零食是否合理'的大讨论"。关于这条规定，许多同学都有自己的意见与看法，教室里出现了许多不同的声音。

赞成"不能在教室吃零食"的同学纷纷表示：这个规定好呀！在教室吃零食喝饮料，把包装袋弄得哗哗响，食物的味道飘香四溢，多影响学习啊！我们正好要控制体重，还能少些"诱惑"，可惜平常管不到人家，现在有了这个规定就方便多了。

而不赞成这条规定的同学则认为：这条规定太不人性化了吧！我们看书学习渴了饿了，就应该补充能量啊！饿着肚子哪有精力学习呀？只要注意不影响其他同学就好了，如果一点零食都不能吃，还要严惩，那就有点过分了！

还有一部分同学认为，在教室吃东西并不是一件绝对要抹杀的行为。毕竟早上第一节七点半的课，有时候根本来不及去食堂吃早饭就得去上课了，带一点早点去教室也是无可厚非的。但最重要的是取决于吃什么，比如那种味道特别大的食物，最好别带到教室吃，整个教室都是食物的味道，会导致同学们无法正常学习。还有膨化食品，比如薯片，它的包装会发出很大的声音，在教室这种安静的地方，一点声音就会被无限放大，吃这种东西就会很招人反感。

于是，第二天，我就接到了一份班干部整理的关于这个规定的建议，他们希望我能够听取"民意"，对这条"一刀切"的规定，做一些更加人性化的修改。我一口回绝，因为我太了解这群孩子了！因此，我耐心向班干部们阐述了我的想法，告诉他们我的出发点其实很简单：1. 保证教室的环境卫生，防止细菌滋生；2. 保证课堂纪律，端正同学们上课的态度；3. 使同学们养成良好的卫生习惯；4. 含有大量食品添加剂的零食也会影响同学们的身体健康。面对有些班干部欲言又止,想要挣扎的样子,我继续一脸无辜地振振有词。"我没有禁止同学们吃零食啊。早饭可以到食堂吃,课间饿了可以去小卖部买吃的,在小卖部门口吃或者在教室门口吃啊。这不冲突啊。"班干部们面面相觑,无法反驳,于是这样的规定就在艺术班"轰轰烈烈"地铺开了。

在这条规定行使之初,大多数同学还是严格地遵守了。但是,也有个别学生认为,在教室吃零食并不是什么"伤天害理"的事情,只要不是包子,韭菜盒子之类重味道的食物。有的时候起得晚了一点,为了及时来上课把东西带到教室来吃也情有可原。当然,也有部分同学我行我素,时不时偷偷地带一些零食到教室里面吃。老师不可能每时每刻在班级盯着每一位同学;班干部有时候看到了,觉得无伤大雅,睁只眼闭只眼也就过去了;同学之间觉得相互打打掩护也合情合理。规章制度在孩子们的演绎下,出现了各种走样的版本,这当然也在我的意料之中。我准备静观其变,期待孩子们能够及时进行调整。但是,孩子们似乎不这么想。有些同学开始觉得这个制度也只是个摆设,偶尔违反一下也没多大关系。特别是个别同学的做法还引起了公愤。有位同学不仅下课吃零食,上课也馋得不行,有的时候食物的味道还会影响其他同学上课。在任课老师的提醒后,虽然虚心接受,却依然屡教不改。吃完零食后,也不收拾,把包装袋一股脑塞进课桌里。久而久之,垃圾就塞满了整个课桌,天气越来越炎热,课桌就散发出一阵阵恶臭,这让坐在后面的同学苦不堪言。他的做法不但于自己的身体健康不利,还对教室里其他同学的学习环境造成了不利影响。

渐渐地,在教室里吃东西的同学越来越多,甚至连应该以身作则的班干部们也不例外。教室被食物的香味填满,吸引了各种各样的虫子,教室环境卫生也逐渐糟糕起来。我了解到这个情况,虽然非常生气,但仍压制了自己的"怒火",因为学校是个育人的场所,惩罚不是制定制度的目的。我利用中午的时间,向同学们"晓之以理,动之以情",教育他们:学校的规定每个人都应该遵守,任何事情都需要认真对待。"予人方便,则予己方便"。因此,在自己做某些事情的同时,也要好好想一想,是否会给别人带来不便呢?尤其是老师在上面讲的正值激动之处,下面同学却吃得开心到根本停不下来。首先,是对老师的不敬,对知识的亵渎;其次,既让自己听课效率下降,还打扰了其他同学。这样岂不是得不偿失吗?同学们如果连这点约束自己的能力都没有,进入工作岗位,怎么去遵守公司单位的规章制度呢?在社会上,怎么去遵守社会公德、法律法规呢?

但是,仍有孩子屡教不改,对此,我必须拿出点措施:谁被抓到吃零食,就要给全班同学买零食吃。至于早餐的问题,只要大家足够重视,早起10分钟,完全有时间在上课前把早餐吃完,既不影响课堂纪律,又能保证身体的健康!

其实,每个孩子都知道在教室吃零食的危害,只是有时会管不住自己的嘴。在上课的时间吃零食,一心二用,既不利于食物的吸收,也不利于知识的吸收。同样,这也是不尊重老师的一种表现。每一堂课都是老师精心准备的,都是老师的心血。在上课时间随意吃东西,意味着自己的思想不集中,还对课堂秩序造成了一定程度的干扰,也影响了其他同学的正常听课,同时对老师的用心也是一种伤害。而且,一边拿着笔,一边又用手拿东西吃,非常不卫生。作为一名在校学生,理所应当遵守学校的各项规章制度,上课吃零食的行为明显就是违反了课堂纪律。而且同学之间会互相效仿,或者大家有样学样,干脆以为课堂纪律是可以随意践踏的,这就造成了非常坏的影响。上课吃零食也是缺乏自我约束力的表现,如果早餐没有吃饱,肚子饿是可以理解的,但是绝对不能放纵。很多同学都是抱着侥幸的心理,以为偶尔一次是不会被发现的,这个是万万要不得的。

经过一段时间后,同学们基本都能遵守规范,通过小小的零食的整顿,形成了良好的班纪班风。我真切地希望,作为一名高中学生,孩子们要明白自律是一个人最好的素养,自觉地约束自己的行为,不影响他人。一个人不管多聪明,多能干,如果不自律,那只能沦为欲望和冲动的奴隶。养成自律的习惯,从小小的零食做起,才能让自己在自律中超越自我,成就自我。

艺训课前先上秤

除了文化课学习,艺术班的孩子还有专业课的训练。专业老师们为了保证专业课的效果,制定了形形色色的规矩,这其中最有话说的,就是咱们班的舞蹈生了。接下来,舞蹈生之一的小汪同学,讲述了这样一个制度。

白嫩的小笼汤包,饱满润泽;醇厚的烤肉,在炭火铁盘上嗞嗞作响;新鲜的肥牛卷,已经在热辣喷香的汤底中褪去红色变得秀色可餐;更别提色香味俱全的泡面,甜腻诱人的叉烧,金黄细腻的芝士……自从艺术老师要求大家减重,还规定艺训课前必须先上秤,体重超过上次体重的人不予进行教学,我们舞蹈生们就不得不和上述美食分手了。在这样一个对世界充满好奇,却又没有自我控制力的年纪,这对于我们来说简直太煎熬了。

“闭上嘴,迈开腿。”就是我们减肥法宝。用学校艺术总监吴迪锋老师的话说,减肥能大幅度改变一个人的体型、气质。只要瘦了,很多身材动作的缺陷就可能最大程度的掩盖,反之就会无限放大。只要够瘦,站在那儿不用做动作就够了,可以美成一幅画。可以说,对于舞蹈生,瘦就是一切。为了达到老师的目标,为了让自己更优秀,我们严格按照老师的规定执行。“穷途末路都要瘦,不极度疯狂不痛快,发会雪白,土会掩埋……”我们开始过起了与脂肪斗智斗勇的日子,这个过程“刀光剑影”“火花四溅”“曲折万分”,相信每个减过肥的人都能理解这其中的艰辛。

一开始，我们虽然内心挣扎，但还是能够比较严格执行这项规定的。中午时候是学校小卖部固定的开放时间，同学们经常一吃完中饭就一哄而进小卖部，小卖部的队伍经常是一圈一圈又一圈。在这样一群乌压压的学生中，有一群梳着盘头的女生，刻意弯下了原本习惯笔挺的腰杆，潜伏在人群中混进了小卖部，经历了几个星期没有零食的日子，她们眼神中放着光，那是对零食的渴望！她们迅速扑到各个柜台前挑选着各自喜欢的零食，与别人不同的是，他们挑选到零食后率先看的不是价格而是食品的能量表，一旦发现挑选的食品能量过高果断放弃，薯片放弃！肉类放弃！饮料放弃！糖果？巧克力？更是连热量表都不用看，放弃！于是，买的最多的还是牛奶，来一解肚中的馋虫。她们的动作飞快，寻找到目标迅速结账，瞬间消失，生怕稍稍慢了一步，自己并不坚定的意志就会瞬间瓦解。不要问她们是谁，她们就是传说中减肥的舞蹈生。

　　每到饭点，便是我们最难熬的时刻。当别人举着盘，高声嚷嚷着："师傅给我来份糖醋排骨！""师傅给我来份红烧肉！""师傅给我来份肉丸！"我们只能眼巴巴地看着，然后选择一些素菜，并且连饭都不能吃，我们齐聚一桌，安静的餐桌与食堂热闹的气氛格格不入。其实，我们大多数人从小到大都不胖，但不知从什么时候起，突然胃口大开，身体就像一个不受控制的气球膨胀得像吹起来一样，谁都知道，增肥容易减肥难，在我们这个对食物充满渴望的年纪，不能吃的日子太煎熬了。后来我们直接都不去吃饭，"眼不见为净"，吃些全麦面包，或者自带水果补充一些能量。体重不减的日子，有的同学一天只吃一个苹果，极端一些的同学甚至吃减肥药来排脂。在这段艰难的日子里我们似乎更加团结了，相互鼓励，咬牙坚持，相信功夫不负有心人，我们一定能成功！

　　当然，减肥的道路并不是那么一帆风顺的，会有曲折，会有反复，会有瓶颈期;舞蹈生的减肥决心、减肥行动也并非始终如一,会有"铤而走险"的时候。一段时间后,有些人就坚持不住了。鲁迅先生曾说过,世界上本没有路,走的人多了就有路了。而作为一个舞蹈生,对于"路"又有了新解,她们最煎熬害怕却又异常喜欢的路大概就是从小卖部到教室的这段路。在减肥后,这条走过无数趟的路上,很少发现我们的身影。买完零食后,我们就会特别谨慎,如果在几十米外发现了疑似老师的身影,那你将会看到我们史上最快的跑步速度,火箭般从你眼前窜过。但顶风作案总会遇到风险,小 m 就遇到过买饼干后突遇柴老师的经历。据当事人回忆,偶遇老师后,四目对视,心跳加速,幸好身边的同学立刻会意,并迅速说明是自己买的饼干。之后她以迅雷不掩面耳之势冲回教室,将半包饼干快速塞到嘴中咀嚼咽下,在老师出现前解决了一切,甚至漱口掩盖,平安度过了一劫。从那之后,我们的身旁一直有一个不是舞蹈生的朋友。有一次,我听小 c 同学说,她嘴馋,实在是熬不住,就偷偷地吃了一袋薯片,上秤把自己吓了一大跳,居然整整重了 2 斤! 虽然小 c 觉得只一袋薯片,不应该重这么多,对秤表示怀疑;但再也不敢以身试法,明天就有艺训课,这可怎么办呢? 于是,她绕着操场跑了一个小时,接着又练了一个小时的舞,才敢在第二天走进舞蹈教室,站上那个体重秤。

理想和现实总是存在差距的,舞蹈生们的规定体重和实际体重也是存在差距的。炎炎烈日,大汗淋漓,喘着粗气坚持向前跑的人是谁? 寒风刺骨,瑟瑟发抖,挺着腰站得笔直的人又是谁? 肚子总在咕咕叫的人是谁? 强撑着手软,咬牙坚持下腰的人是谁? 是我们! 虽然每个人都竭尽全力付出汗水,努力按照规定达到老师的要求。但也经常事与愿违。有时候我们迟迟不能达到标准,老师很生气,在生气之余制订了一系列制度。比如:芭蕾课称体重超过上次体重的人不予进行教学,中午在操场跑步三十分钟等。

气馁过,失望过,有时原本十四人的课堂只有半数在教室内上课,半数因体重不达标而站在教室外。而第二个惩罚措施导致我们在很长一段时间极度恐惧食物。

在减肥大战中,我们对闭上嘴——少吃主食肉类,多食水果蔬菜,记忆尤为深刻。从回家胡吃海喝到什么都不敢吃,只吃一些蔬菜,饿,还是饿。漫漫长夜,饿到肝颤肠抖,感觉心脏犹如困兽般撞击着肋骨,在绝望地哀鸣,空转蠕动的胃袋疯狂思考,主宰着虚弱无用的大脑。迈开腿——跳绳、俯卧撑、慢跑、深蹲……天天换着花样锻炼,身体被从内而外拧绞出水分。运动后,口干舌燥气喘如牛,身体变成一块正午时分在撒哈拉被暴晒到干瘪的紫菜,眼中浮现胖墩墩的圆饼状。最难挨的不是运动,而是运动前半个小时,想要改变的坚定、抗拒流汗的焦躁、大吃大喝的后悔,混合着逼迫自我的无奈汹涌而来,几乎把我们从坐立不安逼至精神崩溃。多少次,让我们汗流浃背的唯一动力是"待会儿运动完,晚饭可以吃一个苹果"。这个不值一提到令人心生绝望的信念,却支撑我们熬过无数日夜,我们每天回到家第一件事就是上秤,随着时间的变化电子秤数字几番跳动,终于得到了一个令人比较满意的数字。

减肥仍在继续,而且没有终点。我们坚信想变优秀总是要付出代价的,所有的舞蹈生都努力去达到老师的要求,遵守着体重的制度,努力变成自己想要的样子。

正当贪玩贪吃的年纪,所有的舞蹈生却都被这样的规定严格要求着,所有的高热量的小甜点、小零食都被打上了"×"的标签,虽然偶尔偷偷地放纵一下,但是需要付出加倍的汗水来偿还。这样严格到甚至严苛的规定不但影响了我们的专业学习,也慢慢地渗入了我们的血脉,沉淀为我们的日常气质,影响了我们的日常行为习惯,无论走到哪里,她们都学着约束自己的行为,身姿挺拔,正气向上! 正是有了这样严格的规范规定,我们舞蹈班学生才如此的出色,才能在各高级别的比赛中不断斩获荣誉,不断有学生进入名校就读!

是的,相信每一位同学都不会忘记,有那么一群人,他们或严肃,或活泼,或温柔,或张扬,陪你度过了最美丽的青春时光。他们教会了你知识,更重要的是他们用特有的制度,教会了你做人。相信你是幸运的,有这样一群可爱的可敬的老师的陪伴。

故事四 会说话的校训石[*]

我校黄鹂校区有一个标志性的雕塑,我们的师生常常为之驻足思考,因之备受启发,它就是校训石。它的外形如一本已翻开的书籍,寓意学校是读书之地,其上面书写着"勤、俭、诚、实"的校训,代表我们培养的是具备"勤俭诚实"特殊品格的学生,这四个字写在如电脑键盘一样的石块上,也寓意着我校利用科技手段服务于现代教育的特色。一个地标让我校的培养目标有了生动的解读和形象的展示。这是学校领导或教师层面的体认,鼓励学生参与其中,期待他们能够漫谈自己对校训石的看法。

去年,我和老师们安排了一次主题为"我眼中的校训石"的征文。通过反馈,我们惊奇的发现,校训石像是拥有一股魔力,学生对它的感知体认比我们预想得更好。有的学生从校训石典雅端庄的外形入手,由外及内、博古通今;有的学生着眼于生活中的小事,用实例向我们论

---

* 本文作者为邵吉斌、周姣钧、罗宁、吴柳桦、李子恒、孙伊瑾、王倩盈、朱元乾

证了"勤俭诚实"的内涵；也有的学生用或朴实而真诚，或优美而华丽的语言尝试探究校训石背后的寓意。

　　积少成多，见微知著，我们尝试着将学生所写故事用校训石的口吻进行转述，由外而内，由表及里，从外观到内容再到主题，层层深入递进。校训石就像一个杠杆，撬动了学生心底的大千世界。

——题记

　　我是一块石头，几年前被送到这座学校，工匠们在我身上用不同种字体刻上了"勤俭诚实"四个字，他们说这就是这所学校的校训。

　　从那之后，我便在这里安家落户了。每天清晨，总会有一大批学子匆匆赶来求学，初来乍到的我还略感羞涩，久而久之，陌生的面孔逐渐变得熟悉起来。我在迎接他们到来、目送他们离去的同时，也见证着他们的成长。每一年都会有新的面孔出现在我的眼前，也会有老面孔消失在我的视野里，像是一个个轮回。别离的痛苦我并不能理解，毕竟我只是一块石头。可是每当一群人在我面前拍照留念，然后相拥而散，有的甚至眼眶湿润，我就在想，离别到底是个什么滋味？

　　这里的生活很普通，也很平凡，甚至有些千篇一律。早上总是会有几个学生在我身边打扫，赋予我一个整洁舒适的环境。每天同一个时间，总是会响起读书声，学生们又开始了一天的学习生活。中午，他们往往争先恐后向食堂奔去。天黑之后，教室的灯却仍然将我的身体照得透亮。虽然这种机械化的运作日复一日的进行着，可我却并未显得厌烦：从他们的朗朗书声中猜测今天学了什么；从他们心满意足从食堂回来猜测中午吃了什么。他们总是精神饱满地来到这里迎接一天的学习生活，满怀憧憬地接受知识的洗礼。这一切我都看在眼里。

当然也会有一些不和谐的音调，作为青春期的孩子，"叛逆"是摘不掉的标签。只有经历岁月的打磨，才会有磨平棱角的时候。在我的记忆中，有很多孩子带着怨气从教学楼里冲出，在我身后的长廊中徘徊。可是冷静下来后，他们也许意识到了自己的错误，身上的戾气消散了，默默回到教学楼中。接下来的事我虽无从知晓，但仅凭猜测也能知道的八九不离十。很多孩子的改变我并非一无所知，从最初面对调侃的气不打一处来，到后来经受误解的一笑而过，这也许就是成长吧。学校所要传授的不仅仅是知识，更多的是为人处世之道。我注定要在这里奉献我的一生，外面的世界是什么样的，我虽然憧憬，但却无暇顾及。我能做的只是将我身上的这四个字传授给来这里的莘莘学子，让他们去体验那个五彩斑斓的大千世界，而我就继续做好我的井底之蛙。

我是一块石头，清风拂过我的面庞，雨水打湿我的身体，烈日曝晒我的脊背，白雪附着我的胸膛，而我将一如既往地在这里，在这里完成我的使命。当我又一次看着孩子们长大成人，看着退休教师光荣离任，我的心好像疼了一下。因为在这里，唯我不变。

初次相见"典雅端庄"

大家好，初次见面，请多多关照。

我的下面是一个砖红色的底座，看上去典雅端庄。底座的上面部分是一个灰黑色的球体，像是球形的活字印刷版，球体的周围有一圈灰黑色的外框。这个外框呈书本状，与球体互不接触。整个球体的一个个方块上，写满了"勤、俭、诚、实"这四个字。这四个字用不同的字体写了一遍又一遍，随意组合排列在一起，铺满了整个球面。

在交错的枝权掩映下，在教学楼的白墙边，在葱茏的竹树前，我就在此，沉默地站立于此。往教学楼里踏入，从石子径悠然漫步而来，在假山清池旁匆匆而过，许多人对我都投以惊奇的目光。渐渐地，在三五结伴的人群来来往往又逐渐散去的一天天过去后，我被大家熟悉，我成为了学校标志的一景，略略几眼便能被铭记于心。

白墙红瓦将灰扑扑的我映衬得更加古朴沉静，似乎蕴含着丰富的意蕴。那镂空的无页之书，寓意着在这读书育人之地，知识的传播与学习是多维的、无限的；在书心嵌有一颗球，这既可以看作是地球，也可看作是大脑，即充实大脑并去认识广博多彩的世界。在我上面的十八个字块形似电脑键盘，寓意着输入，代表着科技。在李惠利中学学习的学生，不仅能够通过电子白板和电脑来接受知识的传输，也可以在参加各类体艺科技类项目的过程中锻炼技能、实践知识，接受各方面的"输入"，并努力将这些有益有趣的东西入脑入心，内化于己，也分享给他人。这些刻在我身上的字——"勤俭诚实"的校训，简单又深刻。多变的字体展现了中国传统文化的魅力，也将校训用一种别样的方式表现出来，警醒每一位李中人要不忘初心、恪守原则，在学校里能够勤奋、踏实地做人，行事节俭、待人真诚，以后到社会不论从事哪一行业也能不忘母校的这一教诲。我将从此沉默地站立在此，站立在每一位李中人心中，神色隽永庄重。

我，也不仅仅是一块校训石，在散步的路途中、在来回晃荡的秋千前、在人来人往的校门口……我平凡伫立在每个人的日常学习生活中；但我却用我独特的形态矗立在人们面前，用坚定无声的语言向外界诉说着李中人的信念，焕发着充满生机的李中气息和人文魅力，在学生美好的青春中留下我不平凡的剪影。

再度相遇"勤俭诚实"

大家好,我们又见面了,你们想知道我身上的文字是什么意思吗? 一起往下看吧。

勤:勤奋;俭:节约;诚:诚信;实:真诚,充实

这四个字组合起来——勤俭诚实,便是李惠利中学的校训,也是香港实业家李惠利先生信奉了一生的做人准则。李惠利先生凭借着这四个字在生意场上不断创造佳绩,在获得成功之后,更没有忘记家乡,而是投身于宁波的教育和卫生等事业。它也作为学校的校训,影响着一代代李中学子。

回到这条神奇的校训中,你既可以把四个字拆分开来看,成为"勤""俭""诚""实"四个维度;也可以两两分开,形成"勤俭""诚实"这两种优秀的品质;最后还可以合成一条做人准则。短短的四个字承载着丰富的含义,以至于每一次解读它,都会有新的理解。

刚开始建造我的时候,学生大都不解,为什么会去建造这个没有用又占地方的大东西呢? 因为在那个时候,他们还没有理解校训,甚至没有认真地去读过它。直到建成之后,耳濡目染我所体现出的精神、散发出的那种文化,可以说是打消了他们之前的疑虑。把校训以这样的方式展示出来,告诉走过我身边的人:"勤俭诚实"不仅是学校的办学核心,更希望把它铭刻在师生心中,作为他们的人生准则。

通过这简单的校训可以看出,其实现在的学习和以后的工作不无相同之处,且最重要的一点是要把最简单的事做好。勤俭诚实,每一个单独拿出来看,都不难做到,但就是这些最简单的事,决定了人生的成败。再看看李惠利先生的成功,无非是贯彻了这四个简单的字。简单、基础的事情往往决

定了人生的走向。

上述理解都是字面上的,下面听听学生们讲给我听的动人的校训故事。

勤

记得在 2017 年 7 月,校团委组织学生参加"月湖公园绿地护养和管理"活动,作为其中的一员,我真切地感受到学校对环境的重视,学校对培养学生勤劳品质的重视。在护养过程中,有同学觉得这个活动很无聊,开始抱怨,想休息,这时候,陈俊老师走过来对那个同学说:"我们往大的方面说,是保护地球,保护环境;往小的方面说,我们是在劳动,你还记得校训中的'勤'吗? 作为李中学子,你应该牢记校训,落实校训,而你现在的行为是不是与校训相悖了呢?"那个同学听完老师说的话又看了一眼正在清理草地的同学,羞愧地说:"谢谢老师,我知道该怎么做了!"当大家都完成绿地清理后,看着这没有白色污染的绿地都开心地笑了。虽然在高温天气下,我们早已汗流浃背,但是从心底喷涌出来的欣慰却给我们带来一片清凉! 劳动后的我们对校训中的"勤"有了更深刻地理解。

俭

我们学校小卖部的人气居高不下,小卖部的存在给学生们提供许多便利,但凡事都有两面性,小卖部的弊端也给学校和老师带来许多烦扰,比如说:学生因为小卖部人多不能及时付款导致上课迟到。而且现在学生家庭条件都很好,因此学生们买零食都是一大包一大包买,这样不仅会出现吃不完的情况,包装袋也满教室都是,甚至有许多同学中饭都不去食堂吃,在小卖部解决,学生的营养跟不上,上课精力下降。这些不好的影响,着实让学校担心。于是,校领导在大会上告诫同学们:"人是铁,饭是钢,食堂饭菜的营养均衡应是主食正餐,而小卖部的零食只能当作补给。同学们,你们在小卖部花的每一分钱都是父母在外辛辛苦苦赚来的,你们却拿着父母的血汗钱买一些没有营养的东西,我们学校的校训中的'俭'告诉我们要做一个节约的孩子,你们现在的所作所为却违背了这个理念,作为李中学子,你们觉得自己这么做,对吗?"校领导的讲话引起下面所有同学的沉默和反思。显然,大家醒悟了,经过反思,大家也更加理解"俭"字,更加理解校训。

诚

讲究"诚信"一直都是班主任跟我们强调的,每当要进行各项考试前,班主任老师总会反复强调"诚信"二字,语重心长地告诉我们:"同学们,在考试中如果连'诚信'都做不到,就不要做学生,这是做人的基本准则。作为新时代的学生更应该讲究诚信,撒谎、作弊都是万万不能的! 你们作为李中学子,校训中的'诚'难道不记得了吗? 所以,同学们,不管以后你们从事何种职业,如果做不到诚信,就永远不可能成功! 不管是在学习还是在生活中,你们都必须牢记!"班主任老师在教育我们的时候没有以往和蔼的笑容,只有满脸的严肃。我们知道,她是很认真地告诫我们,她希望我们能听进去,能记得,能做到! 她不仅是我们的老师,更像我们的妈妈,她带着"春蚕到死丝方尽,蜡炬成灰泪始干"的精神陪伴着我们,她秉持着李中的校训和教育理念教育着我们,引领着我们! 我们将永远牢记"诚",并将其落实到生活中,学习上!

实

父母常常教育我们要做个老实的人,做一个诚实的人。我一直没有理解,到底什么才是老实,直到有一次语文老师跟我们提到闰土的老实,然后引申这两个字的含义,语文老师说:"老实,就是诚实的、坦率、不掩饰的,规规矩矩的,我们在生活中就应该做个老实人,不做违法的事,不做阴事,做个本分的人! 就像我们校训中提到的'实',我们作为李中的一份子,应该比任何人都理解这个字,甚至去实践这个字所包含的意义!"听完语文老师说的话,我向立在大门口的校训石望去,看着校训石上刻着的校训,我觉得对我们学校的校训有了更进一步的理解!

勤奋节俭,真诚守信,四个字概括了四个重要品格。这四个字,不仅是校训,同时也是人生路上的明灯。这是老师、是学校寄予学生的期望,它将永远陪伴着我们在人生道路上走下去。时间会冲刷很多东西,但"勤俭诚实"四个字终将是学子离开校园多年也无法忘怀的人生一课。

三省吾身 "勤思笃志"

最后,再来谈谈我。

我,平淡无奇,却可以承受时间的磨砺,"石奇含天地,趣雅意隽永"。从传说的炼石补天到先祖的击石取火,从原始的山顶石穴到摩登的万丈高楼,从中国的万里长城到希腊的雅典卫城,从规模宏大的莫高窟到工艺精巧的赵州桥,从平凡脚下的铺路石到辉煌事业的里程碑,从代表永恒的金刚钻石到随风飘浮的空中沙砾,从坚持不懈的滴水石穿到忠贞不渝的海枯石烂……石头在能工巧匠的手上完成了一次次的转变、重生。人生要经历无数磨难艰辛,我们石头也不例外! 从灰不溜秋的原石转变成收藏家手中的精品,切割、雕刻、打磨、抛光……又有谁明白石头经历的磨难呢?

诠释我的身份,天文学家读懂了宇宙奥秘,地质学家读懂了大地春秋,考古学家读懂了文明轨迹,文艺大师读懂了浪漫情意;品味我,强者得到搏击的力量、仁者得到伟岸的沐浴、智者得到造化的灵秀。别看我外表朴实无华,但我却连接了灵魂、冲破了世俗尘埃,让那被重复书写的四个字更加醒目地突显出来。勤俭诚实,这本来便是我的品质啊。

我的背面是一个半球体。这其实就是人类的大脑。第一层寓意,学生在这里接受着知识、不断充实着大脑,也是学校存在的意义——一步步把学生培养成为社会需要的人才;第二层寓意就是要学生谨记校训。老师学生们遵循"勤、俭、诚、实"的校训,共同强化"善于学习,乐于研究,勇于创造,长于合作"的教风和学风。这是作为一个李中人应该铭于心、立于行的事。第三层寓意,便是鼓励学生多用脑、多思考。世界上的任何事都不是关注一下便能做到、随口一说便可成功。众所周知,要在纷乱复杂的社会里学会思考,在物欲横流的世界里懂得冷静,在缥缈空旷的宇宙中寻找定位,并不容易。但是有益的思考可以让学生在取舍中采取正确的方式,可以让学生在茅塞顿开中升华生命的价值和意义。思考教会学生用爱和心去感受这个世界、教会学生用理性去探索人生的遥远路途。对于人生价值的深刻理解、对人生目标的明确、对于人生战略的总体把握、对内心矛盾和冲突的克服,这是人与人的真正差别所在。

亚里士多德说:"人生最终的价值在于觉醒和思考的能力,而不只在于生存。"人生价值的差别,就蕴藏在点滴思想的细微差距中。人能不能成功,关键在于人能不能透过纷繁复杂的表象看清事物的本质及价值之所在。而成熟的思考正是透过纷繁复杂的表象看清事物的本质及生命价值的基本条件。在人生的旅途中,思考是黑暗里的光明,思考是绝境中的村落,思考是迷途中的指南针,思考是汪洋中的灯塔。学会思考,往往能另辟蹊径,在绝处逢生,开拓一片蔚蓝的天地。在思考之中,或许我们会渐渐明白自己的归宿,不会在人生路上漫无目的地徘徊;在思考之中,或许我们能慢慢地领会人生最高的智慧。

故事五　零距离接触爱*

　　学生应该是学校的主人,在传承"惠利"文化过程中,团委从校内到校外开展了一系列"惠心利人"的文化活动,让学生一步步走向独立、奉献自我,在活动中播撒惠心,在成长中体会快乐。有的时候,他们是和西藏孩子"相约宁波来看海"的小导游,有的时候他们是争相"志愿服务,护绿先锋"的小雷锋,有的时候他们是"校园内外,爱心义卖"的小商人,各种角色的转换让学生近距离接触爱、散播爱、收获爱,用亲身经历、实际行动践行"惠心利人"的精神内涵。

——题记

相约宁波来看海

　　在上个暑假,学校组织了大型公益活动——与西藏比如学子"相约宁波来看海"。在这项活动刚刚宣布的时候,我和我的同学们就积极报名了。我深深地感觉到这对于我们学生而言,不仅仅是一次普通的捐助活动,更是一次考验,一次思想觉悟的提升。因为我们在这个过程中可以学会如何奉献,学会如何将自己的爱心种子播种下去,让我们深刻体验到人间的温情,感受人与人之间的关爱!

　　宁波和西藏,地处中国的东海之滨与雪域高原,可想而知西藏的孩子们和我们的生活习惯有很多不同,为此我们做了很多准备。上网了解了他们的生活习惯,在活动中关注他们的身体状况,尽量避开与他们的风俗相冲的

---

　　* 本文作者为陈俊、麻心怡、黄佳慧、谢雨琦、吴竞文

食物、景点等等,力求能做好这次"小主人"。

在这短短的八天里,我们的足迹遍及宁波科探中心、学生职业体验中心、雅戈尔动物园、天一阁、教育博物馆、鼓楼等场馆。当然,这次夏令营的重头戏自然是奔赴象山石浦去看海。为了让西藏孩子更加深入地了解宁波,学校还特地安排了一天"家庭体验日"活动。

我与另外两位同学结对的是一个文静可爱的女孩——索朗央措。第一天见面,我就看到她一头长长的秀发,干干净净地梳在脑后。初来乍到的她总是低着头不说话,只是偶尔抬头与我们对视几眼。我第一次看到了她的眼睛,她的眼睛可真美呀,就像青藏高原上的湖水般清澈透亮。我们仨一直找话题,想逗她笑,幸好,她并不反感我们是话唠,反而慢慢得跟我们攀谈起来。她的普通话不太标准,总是一个字一个字地说,所以我们也就一字一句,慢慢地和她交流。在刚见面去吃晚饭的路上,也许受到了我们情绪的感染,她也拿出了手机,给我们介绍西藏那些美丽神奇的地方,看得出来,她很爱她的家乡。

很快就是我们相处的第二天,上午我们带她去看了场 3D 电影,我清楚地记得她是怎样小心翼翼地戴上 3D 眼镜,然后认认真真地看。她跟我们说她只在拉萨看过一场电影,这次是第二次,边说边害羞地笑,神情中满是掩饰不住的欣喜。我听到后,莫名觉得有点心疼,但更多的是替她开心。中午我们带她开了大荤,吃了焖锅,她告诉我们这也是她第一次吃"焖锅"。我们给她夹了好多菜,也一起拍了好多合照。我还注意到,她悄悄给这大锅肉拍了张照,分享给自己微信中的朋友——那些在西藏的孩子们。下午我们带她在夹娃娃的地方逗留了很久。在夹娃娃时,我看着她有些发黑的脸颊微微泛着红,她一会儿激动一会儿又懊恼地跺脚,可爱极了,脸上显露出了少女特有的神情。她目不转睛地盯着上起下落的机器夹,在数次失望后,我们终于如愿夹到一只超可爱的小熊猫,毫无疑问送给了她。

第三天是家庭日。还记得吃饭时,她对宁波美食赞不绝口,也忘不了做蛋糕时我们的快乐愉悦。来自西藏的她们都十分淳朴,彬彬有礼,在家庭日活动中主动帮忙做家务。

在闭营仪式上,我们看到身穿民族服饰的央措在人群中冲我们笑,比起刚来到这里时,她显得更加从容大方。他们唱了歌又跳了舞,给我们短暂又珍贵的三天画下了句号。西藏,在我心中,烙了印。在结束的时候,有位老师发言:"西藏的这14个孩子,也许他们这一生,只出过西藏一次,就是这一次,但对他们人生的改变,一定是莫大的。"我看着央措的脸,虽然是还没长开的13岁姑娘的模样,但却让我觉得生长在高原上的他们,心智比我们更成熟,他们的热情并不亚于我们。我想这来源于他们生长的地方——那纯洁又富有特色的西藏。另一个西藏的朋友西热次旦准备的是他自己来宁波前参与制作、有西藏地域特色的雕塑作品,饱含了他的一份真心。大多数西藏学生准备了宁波学生从未见过的抛石器,"可以说是陪伴了大多数西藏学生的放牧童年,是他们不离身的'宝物'。"西藏带队老师蔡小娟说。而宁波的学生则准备了年糕、万年青等宁波特产作为赠品,也有同学把这几天的照片汇编成册送给西藏学生留作纪念。

本次活动,不仅拉近了我们同藏族孩子的距离,也使我对宁波文化有了更深刻地认识。在向他们介绍的过程中,有一种从未有过的自豪之感在心底油然而生。民族、文化、语言都没有成为我们的障碍。活动中,学校老师也努力将宁波文化更好地展现在他们面前,我们在"交往"中认识彼此,在"交流"中更加懂得,在"交融"中深化友谊。两个学校对这次公益活动的重视,也加深了我们彼此对对方文化的了解,对我们产生了很大的影响。

志愿服务,护绿先锋

雷锋精神,是以雷锋的名字命名,以雷锋的精神为基本内涵,在实践中不断丰富和发展起来的一种精神。雷锋同志说,他要把有限的生命,投入到无限的为人民服务中去。雷锋是时代青年的偶像,他的精神也鼓舞着一代又一代的青年人。

三月是雷锋活动月。每年的这个月我们都会走出家门,以各种方式、各种途径,去帮助那些需要帮助的人们,做一些对社会、对集体有益的事,以此来纪念雷锋,做雷锋同志新世纪的接班人。今年,我们也做了许多有意义的事。

3月11日上午,我们的惠利志愿者小分队来到了院士公园,和400多名不同年龄、不同职业的志愿者一起,参加了"青春共成长,悦绿越美丽"宁波市青少年成长林种植活动。我们立志用自己小小的力量,汇聚成一座城市的山清水秀。同学们亲手将小树苗栽下、浇水,期待一棵棵树苗会在岁月地呵护下成长为一棵棵参天大树,就像这岁月呵护着一个个稚嫩孩童一样,让他们心底最遥不可及的梦想走进现实。此次植树活动的意义,并非仅在于活动的内容有多么丰富、活动的举办有多么隆重,而在于我们想要让世界上多一抹亮丽的风景线的愿望,被大家播撒在泥土中生根发芽。看着一棵棵树苗被大家扶起,就像是看到那曾被人们所淡忘的环保意识又一次被唤醒。愿有更多的人参与其中,愿绿水青山,遍布祖国!

除了亲手栽下小树苗,李惠利中学学生代表还与海曙区城管局签订了绿地认管合同。据城管部门有关负责人介绍,绿地认管是指单位、组织、家庭或个人在专业园林养护管理单位的指导下,对认管绿地进行保洁、除草、治虫、修剪、浇水等养护管理或绿化保护活动。今年推出的认养认管绿地,包括公园绿地、道路绿地、防护绿地、居住区绿地等。李惠利中学认管的绿地位于月湖景区。月湖历史悠久，开凿于唐贞观年间，宽处似满月，狭处似眉月，故称月湖。月湖深含着宁波浓厚的地方色彩，承载了众多璀璨的传统文化。李惠利中学希望通过"护绿小组"对月湖3万6千平方米、98颗大树的绿地的养护，让月湖变得越来越美丽的同时，促使全体学生养成从我做起、从小事做起的良好习惯，告别不良行为，争当文明学生。同时，本次活动也进一步提高了学生的环保意识，再次掀起了共建文明、生态校园的热潮。

"如果你是一缕阳光，你是否照亮了一片黑暗？如果你是一滴水，你是否滋润了一寸土地？如果你是一粒粮食，你是否哺育了有用的生命？如果你是一颗最小的螺丝钉，你是否永远坚守岗位？"雷锋，就是这一缕阳光、这一滴水、这一粒粮食、这一颗最小的螺丝钉。虽然他的一生短暂，但他的精神长存。看到同学们忙碌的身影，仿佛让我们看到了当年雷锋热情为人服务的背影。我们应该让雷锋精神成为一种生活习惯，从小事做起、从身边做起，使更多需要帮助的人得到帮助，让我们的生活变得更美好。

校园内外，爱心义卖

为践行习总书记在十九大提出的"让当代中学生更多的关注社会，担当起社会的责任"的倡议，为了创建和谐社会，为了帮助更多需要帮助的人，也让更多的人加入到爱心举动行列中来，在学校的支持下，我们组织了一场别开生面的爱心义卖活动。

那天下午，随着第七节课下课铃声响起，参加义卖的班级准时到达指定位置，迅速布置好摊位、推出醒目的销售展板，推销员、收银员各就各位，整个校园霎时吆喝声、询价声、欢笑声四起："冰镇柠檬茶！五块钱便宜卖啦！""学霸笔记，买到就赚到！"教辅书、杂志、学习用品、手工作品……活动现场，同学们以班级为单位,抱着惠利他人的心态,把家里闲置的物品带来进行义卖。

炎热的天气丝毫没有削弱同学们的热情,活动现场热火朝天,同学们摊位上摆出的物件可谓琳琅满目,气氛也十分热烈。而除了意料中的教辅书、明信片、公仔等"传统"物品外,义卖现场还出现了学生们自己现做现卖的寿司、蛋糕、柠檬茶、果汁等美食。美食摊位被同学们里三层外三层包得严严实实,生意火爆。

不仅美食摊档"生意"兴隆,其他摊档也以无限的创意吸引了众多买家光临。有些摊位准备了小游戏给同学们玩,还有摊位出售老师亲笔写的明信片,刚一摆出就遭到了"哄抢"。抿一口西瓜汁,在林立的摊位间走走停停,买一些物美价廉的小玩意,实在是一种幸福。不仅是学生,老师们也积极参与,带来物品奉献爱心,同时也饶有兴趣地边逛边购买义卖的物品。

而最振奋人心的要数拍卖活动了。大家纷纷出价,遇到喜欢的商品,就算对手是老师也要试一试。大抱枕、保温杯,一件件精美的商品被同学们拍走,而拍卖师风趣的话语也引得全场气氛走向高潮。压箱底的拍品来自校长的捐献,是一艘导弹驱逐舰的模型。当它被抬上拍卖台时,引起全场一阵尖叫。在场的有不少航模迷,很多人都是冲着它来的。一百、两百,价格在不断地抬升,最终,拍卖槌一锤敲下,"恭喜1903班的同学们得到了这件拍品"。此后,这艘模型军舰就会成为他们班的镇班之宝,带着3班的同学们乘风破浪,驶向更广阔的未来。

16点40分,我们的活动在同学们意犹未尽中落下了帷幕。义拍义卖所得的收入将统一存入学校爱心基金——"惠兰壹基金"中,用于帮助困难学生,并定期公布资金收支情况。

对于此次义拍义卖活动,学生们纷纷表示,这样的活动非常有意义,不仅可以将闲置的物品利用起来,以低价获得自己所需的用品,而且奉献了爱心。同时,可以增强同学之间的协作、交流,更重要的是可以在活动中利泽他人,升华自己。

除了在校园内进行爱心义卖,今年暑假,我们惠心利人爱心队在经过一番协调和筹备后,在鄞州银泰城开展了"卫爱付出"的活动。8月13日上午8:00,我们准时到达鄞州银泰城,银泰城10:00开门。在此期间,我们和负责人需要提前做好准备。此次活动分为两个区,一部分同学负责爱心义卖区,而我们和部分工作人员负责游戏区。游戏区分为A、B、C、D四区。每个区共有四个不同颜色的垃圾桶。红色桶为有害垃圾,绿色桶为厨余垃圾,黑色桶为其他垃圾,蓝色桶为可回收垃圾。每个区有20个球。我们需要在每个球上贴上不同的垃圾。游戏规则是参与者根据球上贴有的垃圾,将这些球正确投入四个桶中。

活动正式开始后,有许多小朋友怀着好奇心来到游戏区。我们需要协助小朋友们垃圾分类,大家不确定的垃圾可以参考屏幕上的"环保小知识"。小朋友们的积极性都很高,虽然有些垃圾分错了,但是我们会告诉他们正确的分类。垃圾分完后,我们带领他们去领奖区,每一个小朋友都有一份精美小礼品可以拿,里面配有环保小贴士的纸头,然后邀请他们在红布上写下名字。还有一些富有爱心的小朋友在爸爸妈妈的支持下,去爱心义卖区买礼物、捐钱等。

下午5:00,此次活动圆满结束。红布上面写满了参与者的名字。爱心义卖区也收获满满,这些钱将用于慰问城市的环卫工人,在炎炎夏日中,愿我们能为他们送去一份清凉与慰藉。

这是一次非常有意义并且值得思考的公益活动。首先是给环卫工人送去了爱心。环卫工人是城市的清洁师,没有他们的辛勤付出,也不会有这么干净的城市。他们在炎炎夏日里工作着,有时连一口水也喝不上。我们在享受他们带来的便利时,也要时刻记得他们的付出。其次通过这次活动,我们了解垃圾分类的重要性,也知道了该如何正确分类垃圾。

故事六　走向智慧课堂的教学变革之路^{*}

在新高考深入推进的背景下,为让人工智能、大数据技术更好地服务于学生的学习,促进学生的深度学习,学校于 2017 年开始尝试互联网信息技术与学科教学深度融合的课堂改革,并采用骨干引领、能者先行、稳步推进等措施,开展了一系列教学改革实践,其中最突出的就是 Pad 辅助教学。朱晓月老师作为课堂教学改革的领路人,讲述了学校所经历的实践学习、探索发展、自主研究的课堂改革过程,实现由自主课堂到智慧课堂的改革变迁,开创了利用 Pad 开展精准教学与评价的各种模式,让我们领悟教学改革的惠心利人之道。

——题记

自主课堂改革:在学习中优化

还记得从 2011 年开始,全国各地都在开展课堂教学改革。那时候毛校长带领我们到山西的新绛中学考察,同时还有另一批老师专门到山东的昌乐二中去考察,这些学校都是全国最早开始实验课堂教学改革的基地,所以我们从这里学习经验。经过系统的学习后,我们将自主课堂改革的重点落

---

*　本文作者为朱晓月

实到两种课型：自主课和展示课。

要从哪里开始改变呢？首先是一个空间上的改变——把教室里的讲台去掉，同学们以6人小组的形式围坐着进行学习。空间的改变，其实伴随着学生心理氛围的改变。试想，学生在课堂上如聚会般自由轻松地研讨，不再是刻板地面对讲台黑板，他们会不会更乐于参与课堂互动呢？答案是肯定的。当然，在改革初期，质疑也接踵而至，无论是家长、学生还是部分老师都对这个自主课堂存在质疑：自主学习是学生自学，那么老师教什么呢？还需要老师吗？学生自学能学好吗？但其实自主学习不等同于自学，最主要的区别就是学生的自主学习有导航引领，这个导航就是"学案"。"学案"是我们自主课堂改革的关键。"学案"在两个方面促进着教和学：一是在课前，学生通过"学案"可以更有方向性地进行学习；教师根据学生"学案"的完成情况，可以更有针对性地进行授课。二是在课堂上，由于整堂课要学的内容都在"学案"里，所以老师很少讲，学生可以自己把握节奏，会的就略过，不会的或想进一步深入思考的就询问老师。"学案"引导的学习，真正实现了"课堂以学生为中心"。

自主课的改革徐徐进行，同样作为试点的另一课型——展示课也提上日程。在展示课方面，前期我们去昌乐二中、新绛中学等学校考察学习时，有观察到他们都是采取这样一种方式：在教室里挂很多黑板让学生进行展示。这种"展示课"的课型是值得借鉴的，但我们发现了黑板展示存在着一个很大的问题：除了在黑板上展示的学生外，其余底下的学生各顾各的，注意力不集中，教学的有效性受到影响。另外教师把握不好叫哪些同学上去展示：叫上去展示的同学不会做，自己会觉得丢人；叫上去展示的同学会做，让他再做一遍也是浪费时间。因此，如何展示？谁去展示？成为我们改革的重点。在经过多次的研讨之后，我们参考了"展示课"的课型，提出用

Pad 来代替黑板展示。其实在之前，我们的 Pad 教学已经在部分班级尝试过，有了基本的硬件条件。学校在教室安装了 Pad 投屏系统，购买 Pad 分发给每位上课老师，在硬件上了解决展示的平台问题。一开始，不少老师对为什么要用 Pad 代替黑板也持有疑问。后来通过一段时间的试行，发现用 Pad 代替黑板展示，教学的有效性显著提高。我们的展示课先给所有学生充分的时间就课堂任务进行思考，让他们自己在"学案"上做。在这期间，教师通过在教室里巡视，一方面看学生"学案"的完成情况，另一方面用 Pad 把学生习作中的典型例子——包括典型错误和典型答案都拍下来，作为展示的素材。这样一来，教师可以在把握全班学生学案完成情况的基础之上，有选择地对学生的习作进行展示，让"展示"这一环节发挥最大的作用。另外，提供 Pad 辅助教师教学后，就不需要叫学生通过黑板去展示了，节省了不少时间。

我们在探索自主课堂时也遇到过一些难题，如怎样利用"学案"提升学生的自主能力、如何利用 Pad 教学产生的大数据服务于学生的后续学习，就会求助于校外专家，例如华东师大、浙江师大的教育学、心理学教授。其实，这得益于学校与高校建立的合作联盟关系，高校专家会定期来学校指导教师开展自主课堂改革，与我们一起研讨问题、反思经验、形塑优秀的改革案例。

尽管如此，自主课堂改革所面临的一个棘手的问题始终没有得到解决，即现场数据的收集问题。在展示课的时候，教师要在教室里进行巡视，同时收集典型案例。问题是教师在巡视过程中不可能把每个同学的解答全看完，收集的信息是不完整和不全面的，对学生的评价也不是特别精准。为了突破这个现实瓶颈，我们开启了智慧课堂改革的新征程。

智慧课堂改革："精准"为本

正当我们开启新一轮课堂改革之际,教育部颁发了《教育信息化2.0行动计划》,明确要求"到2022年基本实现'三全两高一大'的发展目标,即教学应用覆盖全体教师、学习应用覆盖全体适龄学生、数字校园建设覆盖全体学校,信息化应用水平和师生信息素养普遍提高,建成'互联网＋教育'大平台,推动从教育专用资源向教育大资源转变、从提升师生信息技术应用能力向全面提升其信息素养转变、从融合应用向创新发展转变,努力构建'互联网＋'条件下的人才培养新模式、发展基于互联网的教育服务新模式、探索信息时代教育治理新模式。宁波市教育局积极推动此项行动计划,开展宁波智慧教育培训讲师团百场培训活动,到各个学校去推行智慧课堂。这为我们的改革提供了有利的政策条件和基础。

基于上述背景,我们对智慧教育作了比较深入的思考。什么是智慧课堂?智慧的点在哪里?我想应该就是评价。智慧课堂应该把评价放在首位,采取"移动终端＋互联网"的方式对学生的课堂表现数据进行采集和处理。一方面利用Pad及时对学生的数据进行采集和提交;另一方面通过"智慧教育平台"对收集到的数据进行处理。这样一来,教师可以准确及时地掌握关于学生的学习数据,有针对性地对学生进行指导。智慧课堂的优势也体现出来了,即帮助教师做到精准教学和评价。

首先,课堂教学变得越来越精准。课堂教学方面,智慧教育平台所提供给学生的不仅仅是自主学习,更确切的说是"自适应学习":学生按照自己的路径去学习。以前的"学案教学"以及传统的"教案教学",是没有办法让学生进行自适应学习的,因为学生都得按照老师的步调去学习。如果有些知识点学生已经会了,也没办法提前跳过。但有了互联网平台以后,学生某个知识点懂了就可以跳过，去学习别的，所以学生的学习路径可以很多。

除了自适应学习，智慧教育也让"个性化辅导"成为了可能。为什么这么说呢？在以前，教师是对全班同学进行集体教学的，如果学生在下面不吭声，老师无法知道这节课谁掌握、谁没掌握。而有了智慧教育平台，教师能够及时准确了解学生的学习情况，进而对学生进行精准评价。所以在课堂上，问题不再是由教师产生，而是由学生产生的。针对学生的问题，老师就能有针对性地对他们进行适当的辅导。

其次，作业反馈变得越来越精准。传统的课堂教学，作业的问题一直困扰着老师们。我们经常会遇到这样的情景：老师布置了作业，学生第二天早晨来交，老师收作业会耽误很多时间，收上来以后，第一节上课的老师既没空改、又没法讲，非常尴尬。针对这个问题，有的老师采用作业 AB 本的形式，但第一天的作业就要留到第三天去讲，学生早就忘了，没什么效果。另外，传统课堂很难给学生布置个性化作业，更不可能对学生进行一对一的个性化辅导。

利用智慧教育平台实施的智慧课堂就可以很好地解决上述问题。学生的作业直接在 Pad 上完成和提交，或者在纸上写好后拍照上传到平台。教师在第一节上课之前甚至头天晚上就可以看到学生的作业，针对学生的作业表现提早进行准备——斟酌哪道题要讲、哪道题不讲，以及采取什么方式讲。这样的智慧作业反馈改革，不仅利用教师，更惠及学生。因为学生在提交完作业答案之后，是能立刻看到参考答案的，那么如果自己有哪道题做错了，就能马上知道自己哪里做错了、为什么做错了，以后想起来也是记忆犹新。作业批改方式也变得丰富多样：可以学生自己改、小组长改、老师改等。

再者，学习评价内容变得越来越精准。老师可以针对学生不懂的问题做微解析视频,帮助学生更好的理解问题。因为对学生来说,视频讲解比直接看文字解析要容易得多,这样做可以解决一个很大的问题——学困生的作业辅导。在传统课堂里,假设某道题有 5 个同学不会,老师是讲还是不讲呢? 如果讲,就会拖慢整个班的进度;如果不讲,难道就要抛弃这 5 个同学吗? 而智慧课堂下,老师录制了微视频,这 5 个学生就能在任何他们需要辅导的时刻通过视频获取帮助,不需要老师在课上或者课后单独抽时间讲了,教师可以在课堂上针对典型错误进行详细讲解。这样精准的作业反馈不仅使得反馈的内容更易接受,同时实现了差异教学及个性化辅导,真正惠泽学生。

近几年来,我也为同学们录制了上万个微解。利用互联网平台,师生就不受时间地点的限制,打破了面对面教学的固定形态,实现了异步辅导,线上线下教学的结合。在这样的智慧课堂里,学生能够随时随地提问、看微视频,老师也能随时随地帮学生答疑解惑。无论是在晚上、还是周末、抑或是寒假中、出差时,只要看到了学生提出问题,我都会及时地进行回答,所以同学们有时甚至在微解里还能听到列车播报的声音。有一次刚上完物理课,5 班的顾佳程同学对我说:"老师,我看您有些憔悴,昨天您为我们做微解又做到了晚上 12 点多,您要多注意休息。"还有学生说:"我感觉到老师好像一直在我身边一样。"学生们的暖心回应,让我觉得虽然有点辛苦,但一切都是值得的。

课堂改革:意犹未尽

学校的智慧课堂教学正稳步推进,从 2017 年最初的两个班试行到如今整个高一、高二年级的全面推行,从模仿到创新,我们的课堂教学改革终于走出了自己的道路,创建了"基于评价的精准教学"模式,取得了不俗的成绩。一方面,学生在改革中受益,各项成绩逐年稳步提高。另一方面,成就了教师和学校。教师在智慧课堂的省级论文评比中屡获佳绩,学校也被评为浙江省精准教学实验项目学校,还举办宁波市智慧课堂普及与推进模式创新高峰论坛,所创建的教学模式获得同行认可。

有了改革的成绩,我们就有底气全方位推进课堂教学改革。未来我们将在高一、高二和高三的所有班级、所有科目中推行智慧课堂,借智慧课堂实现便捷、高效的课堂教学,帮助学生实现成长目标。我相信智慧课堂会一直在路上,永不停步!

第七章 利泽梦想的故事

从我走上教师岗位的第一天起，就一直跟我的学生们强调，高中阶段是人生重要的转折时期，是梦想萌芽的关键阶段。我也常常和同事探讨，如何能让学生对自己的能力、兴趣爱好有更清楚的理性认知，以便更好地规划自己的人生道路和发展方向。慢慢地，在总结学校办学历史和研究前任校长"让教育适合学生"理念的基础上，我提炼出了"让教育适合学生、让学生成就梦想"的教育理念，为的是给学生的个体发展提供多元化舞台。后来，在"惠利"文化这一体系构架下，我们提出了"惠润每一个学生，利泽每一个梦想"的文化理念，期待每一位学生都能在学习与活动中享受到梦想成真的喜悦，每一位老师也能在课程与教学中体会成就他人与自我梦想的乐趣。从下面精选的一些梦想故事来看，师生们的梦想正一步步得以实现，描绘了一个"各美其美，美美与共"的梦想世界。

故事一　教研组互助　成就新秀教师 *

成就梦想，不是一个人的事，可能需要大家的互助。周丽娟老师获

---

* 本文作者周丽娟

评市教坛新秀便是其中的一例。周老师所在的语文教研组以团结互助的方式,促使周老师在一次次磨练中不断成长,在专业发展中获得"新生"。与其说是教研组成就了周老师,不如说是团结互助、惠心利人的教研习俗影响了周老师。因为教研习俗以隐性的方式影响着组内教师的行为,教师们会发自内心地帮助对象,实现共同成长。从周老师分享的故事来看,从学生时代向新手教师转变,从新手教师不断向专家型教师转变的过程,很好地诠释了习俗文化与青年教师职业梦想的互动关系。

——题记

用一腔热情,把青春泼撒在教学中

时光如白驹过隙,转瞬即逝,回想起自己走过的七年教师生涯,我的内心感慨万千。所有人的成长都如蚕蛹一般,别人看到的是美丽,自己刻骨的是过程。刚毕业时我与所有的毕业生一样,带着美丽的梦想和对生活的憧憬走向了教师的岗位。作为年轻教师,一路走来,不管是工作上还是生活上,我都收获了太多的帮助和支持,李惠利中学的领导和学科教研组都给我带来了太多的感动与幸福。教师这个行业是个良心活,必须将自己所有的热情和精力奉献给孩子们。在这里我将学校这个大家庭对我的爱转化为对学生和教师这个职业的热爱,用爱与学生作伴,用努力与我们语文教研组的教师群体共同成长。从学生时代走向职业教师,遇到一个暖心的集体,拥有一位热心负责的学科师父(下文均以 A 老师称呼)是一件多么幸福的事情。我坚信,一路走下去,不必逗留着去采鲜花来保存,因为在这一路上,花自然会继续开放。

从教七年来,我参加了大大小小的教学比赛,荣誉和汗水在我的心中铭记,在这个过程中我不断成长不断学习,今年终于满足了教坛新秀报名条件,并在大家的鼓励下积极报名参赛。教师教学竞赛为青年教师提供了提高教学能力和教学水平的机会,我也很希望能通过这次比赛不断提升自己的教学能力和教学经验。尽管如此,一提到比赛,还是心有余悸,毕竟比赛是残酷的。我将自己的担心告知我的学科师父 A 老师,她鼓励我:"我们整个教研组都是你最坚强的后盾,好好加油吧!"我知道不管我做什么决定,师父都会第一时间给我勇气与信心,带着师父和教研组的希望,我踏上了这次比赛的道路。

教师教学竞赛不是那么简单的比赛,作为青年教师,参加教学竞赛,如果只看重比赛的结果,就误解了竞赛的初衷,教学竞赛重在教学,比赛的目的绝不是划分等级,区分层次,只有不断的努力学习,在比赛中找到自己的差距,才能更好的提升课堂教学能力,才能为学生的成长保驾护航。当然,在比赛中取得理想的成绩,是每位参赛者的愿望。A 老师叮嘱我比比赛更重要的是,能在参赛过程中学习到日常教学中所学不到的东西,通过比赛提高自己的教育教学能力,这才是教学竞赛带给我们真正宝贵的经验。A 老师的一番话让我放下包袱,专心致志投入到自己的课堂准备,再也不会想东想西。

开一扇门,让推门课成为进步的平台

作为一名青年教师,成长的路上总离不开许许多多领导、老师们的帮助,其中刘校长给我的指点使我受益匪浅。在教学上,校长为我们青年教师做过一次讲座。讲座上校长毫无保留地把多年的教育教学经验和技巧传授给我们,他说:"我一路走来,总想让你们不要把我自己吃过的亏再吃一遍,希望你们都能避免走我曾经走过的弯路。"我想,这不仅仅是一位校长对年轻教师们发自内心的劝告,更像是一位长者对晚辈的万千叮嘱。他从自己的切身经验出发,真诚地希望我校青年教师们可以开阔眼界、不断学习、提高水平。这几年里,不管是从无条件支持青年教师参加各种教学竞赛到我校青年教师发展协会的成立,还是从"惠心利人"教育理念的提出到基于该理念开展的各种教研活动,我们都能够体会到校长为学生、为老师、为学校的良苦用心。

在准备教学竞赛的磨课期间,有一天我的课堂中出现了一位意外的客人——刘伟龙校长,当时心中响起一句歌词"没有一点点防备,你就这样出现",我又惊又喜,惊的是校长对我课堂的检验来的这么突然;喜的是校长对我的关心,能够抽出时间专门来指导。稍微的紧张之后,我迅速进入了自己正常的教学节奏,希望把自己最本真的课堂呈现出来,并能突出自己的课堂特点,更重要的是通过常态化的教学暴露出些许问题,接受这位教育专家的检验和指导。平时的课堂中,来听课的都是本学科的老师,这有利于学科知识和体系的指导,却也形成了学科的局限。刘校长是地理老师,这种跨学科的指导和交流显得特别有意义。

大道至简、大道相通,刘校长对我存在的问题一针见血:语音语调上,开始时做到了抑扬顿挫,但是随着课堂的深入,就开始了自己习惯的语言方式,随意性、口语化的表达过多;板书设计上,做到了面面俱到,却没有实现重点突出;课堂推进上,还欠缺火候,有时在赶进度,有时在故意拖延;课堂互动上,还是处于教师主导的情况,对于突发的、和课堂预设不相符的情况,关注不够,转化不足等等。大量曾经被忽略的问题,甚至一些很细微的不足,都被刘校长一一点破。他给我的建议也同样高屋建瓴:每次上课都可以录音,课后再去听,去发现问题,解决问题;板书可以用两种颜色的粉笔,以突出重点;备课时将每一环节的时间精确到分钟,并根据课堂情况在下一节课中做出调整；课堂预设尽可能全面，课上更多的去关注和预设不同的情况等。真的是"听君一席话胜读十年书"啊！从那时起，我对磨课和推门课不再感到紧张，心中更多的是一种感动，自己能够在李惠利中学这个大家庭中不断成长，我很幸福。有时还会更大胆地邀请校长来听课，校长总是有求必应，每次听课都很认真，也非常仔细，不断指出我的不足，提出许多宝贵意见，帮助我成长。

撑一支长蒿，让课堂漫溯向青草更深处

课堂如田野，风吹麦浪，一望无际，回味无穷。课堂在哪里？对于师生而言，课堂在他们的心里，在他们希望的田野上。课堂的风光在哪里？在知识的漩涡旋出的美丽浪花里，在成功之后的喜悦心情里！课堂就应该是：一切为了学生，为了学生的一切，为了一切的学生。课堂是一门需要不断修炼的艺术，每节课都需要精心琢磨。如果说一堂课是一颗小草的话，那么生命力旺盛便是它最大的特征，它可以在很多不经意的地方给我灵感。走出学校参加城区教坛新秀比赛，首先要过学校这一关。在我校举办的评比中，我准备了一堂作文课。一开始的课堂问题的设置缺少统筹，课堂的内容也还需细化。于是 A 老师调出自己的课来给我听课。我看到她的笔记本上做了许多的记录，大到整节课的架构、授课者的精神状态，小到每一个知识点的设置、提问的方式等，课后她一条一点地说与我听。听了 A 老师的意见之后，我对自己的课堂进行了调整与完善。经过三节磨课之后，我对这节课有了更深刻的认识，在课堂环节的设置上也进行了优化，上起来也更加得心应手。

课堂上学生不经意间的一句话也启发我挖掘许多素材，学生的反应是我以前在备课过程中未曾考虑到的，现在我会以此来充实自己的课堂，这也

是我们课堂中宝贵的资源。关注学生的想法，尊重学生的经验，才能更好的给予学生学习的机会和平台。《论语》中，子夏问曰："'巧笑倩兮，美目盼兮，素以为绚兮。'何谓也？"子曰："绘事后素。"曰："礼后乎？"子曰："起予者商也！始可与言《诗》已矣。"孔子在给予学生子夏解答的同时也受到了学生的启发，我与我的学生在教学过程中也是相互启发不断进步。

学校评比紧张的进行，经过抽签，语文三堂评比课连在一起，我是中间的一节，这样一来，压力显而易见。看着不熟悉的学生们（因为是借班上课）、后排的评委们以及其他的听课老师，深感压力。A老师安慰我说，走进了课堂就要坚信自己的课堂是最棒的。我不断地用这句话鼓励自己，对自己进行积极的心理暗示，平稳自己的心态，慢慢地我可以很好地掌控整个课堂。整节课下来，感觉还是不错的，但是由于过于紧张而没有将设计好的板书展示出来。因为学生的发言较多，时间没有控制好，还稍微有点拖堂。所以在我之后的课堂中，这两点具有指导性的作用。

不妖艳，不耀眼，青青是它的本色，那是生命的颜色，惹人喜爱。带着生命之色在课堂中延伸，寻找更加广阔的空间，令人心生鼓舞。如果不是A老师悉心指导，这节课怎会如此细致、优化，我又怎会建立信心，勇敢应战，我师父的帮助让我的课堂在更精深之处不断漫溯，这种宽和大度的惠心利人的精神值得点赞。它就像是一支长蒿，不断推行着课堂这艘小船向前走。

吃一颗定心丸，让暴风雨来得更猛烈些吧

美好的假期时光总是特别快，新的学期又开始了。没过几天时间，我接到通知说教坛新秀上课的内容为《〈论语〉选读》。这可是相当有难度的课，我赶紧准备了起来。为了有效备课，我借了很多参考书，为我的课程准备教学资源。例如周良华《周老师教论语》、钱穆《论语新解》、李泽厚《论语今

读》、李零《丧家狗——我读论语》、杨伯峻《论语译注》、程树德的《论语集释》、杨树达《论语疏证》、南怀瑾《论语别裁》,这些书帮助我更加全面地了解《论语》选读。我还参考了中央电视台的《百家讲坛》中关于论语选读的一些资料,那时我养成了看百家讲坛的爱好,易中天老师幽默诙谐而又充满睿智的讲解深深吸引了我。一有时间我就会看相关资料与书籍,搜集一些较好的教学设计,准备工作真是做到两眼昏花。通过这段时间的综合学习,我比以往任何时候都强烈的感受到传统文化的温度。可是想想,这不知何时是个尽头的比赛也确实是一种煎熬,希望它可以快点来临,早早解脱。

事情往往比想象中更加出人意外,暴风雨来得迅速,让人有点措手不及。笔试过后一周就要去上课了,作为老师,虽然看到学生们每天面对着大大小小的考试,可是当考试的主角是自己的时候,内心的痛楚和压力只有经历过的人才会懂。

A老师毕竟是经验丰富的老教师,她知道此时我内心的焦灼,她说:"只有勇敢面对,才是王道。调整心态,抓紧准备,争分夺秒,让自己迅速进入状态,狭路相逢勇者胜。"我顿时觉得自己吃了一颗定心丸,被A老师的话打动了,时刻提醒自己"进入状态",不断看书、备课。

暴风雨终于来了! 我顿时有一种死囚犯上刑场的感觉。我紧张到双手麻木,害怕到不想走进那个教室。教室后面坐着四位评委,隔间坐着七八位听课的教师,我不知道我是哪里来的勇气把这一堂课给撑下来的。面对一个重点高中的优秀班级,面对一群陌生的学生,我有些忐忑。这时,A老师的话回响在耳边:"一个老师的上课状态是非常重要的,老师的强大气场可以带动整个班级的氛围。"于是,我尽力掩饰自己的不安,用期待渴望的眼神与同学们交流,用微笑感染他们,慢慢地,我们的课堂氛围变得越来越融洽,越来越轻松。如果没有学生们的支持与配合,就没有这节课的流畅。他们出色的表现也让我的紧张慢慢释放,更好地走进文本,走进学生,走进课堂。只有提高自身的课堂热情,才能调动学生的积极性。上课是需要一些自信的,甚至是"盲目"的自信。

事后,我将整节课的经过与 A 老师交流,我们总结这堂课的缺陷是我对学生的能力估值偏低。毕竟这是一所顶尖的高中,学生也是十分优秀的,而我备课的内容应比他们的水平稍难一些的。不管怎么样,收获大于比赛本身,做任何事,过程是最重要的,结果不要看得太重。如果总是患得患失,有些经历便会失去它的意义。在人生路上,有一位良师倾囊相助,陪我共渡难关,这是怎样的一种恩情哪!她用自己的善心、耐心温暖着我。

驾一叶扁舟,让我们遨游在知识的海洋中

因为这次比赛,我们语文教研组长了解到在业内,有一位老师对《〈论语〉选读》有深入研究,我们教研组长 B 老师多方联系,为我们请来了 C 老师,先是帮助参赛教师听课磨课,再是针对《〈论语〉选读》做了一场讲座,希望通过 C 老师的到来对我们的日常教学和教学比赛有一定的帮助。

C 老师讲到:带领学生学习《〈论语〉选读》,我们可以从文字、文章、文化三个角度进行解读。文字即字词句意的层面,要读懂其意;文章是指文章技法的层面;文化则是指其背后的思想、观念。《论语》选读考纲要求有十课内容为必学篇目,他将这十篇文章分为四大板块:政治(包括《为政以德》《克己复礼》《知其不可而为之》)、修身(包括《仁者爱人》《君子之风》《周而不比》)、教育(包括《诲人不倦》《高山仰止》《沂水春风》)、哲学(《中庸之道》),每一课中涉及的重点不同,比如《周而不比》主要是交友方面的内容,按照这样的思路,《论语》选读整本书在脑海中便有了个清晰的框架,了解了框架仿佛给我们的教学提供了一个思维导图,学生该从哪些方面去理解《论语》一

目了然,再也不用担心会漏掉某一课了,仿佛是《论语》这座高楼大厦的地基已经打好了。

C 老师的说法,深得教学界的认同与肯定,基本上都会采用他的这一说法来指导《〈论语〉选读》的教学。C 老师的到来不仅仅是为参赛教师做了有效指导,也为整个语文组带来了福音,大家对《〈论语〉选读》的认识更进一步、也更深一层。感谢 B 老师的高瞻远瞩,让语文组弥漫着研读《〈论语〉选读》的氛围,感谢 C 老师,让大家对传统文化经典有了更深刻的认识,我们不仅知道该怎么去教,而且知道如何清晰地去教。也许是职业使然,看到大家一起遨游在这丰富的知识海洋中,此时的我特别开心,沉浸在幸福的教研氛围中!

这次教学竞赛,让我看到全组老师团结热情的一面,也感受到了大家对我的关心和帮助。如果没有 A 老师的帮助,没有校长的关心,没有教研组的支持,我可能没有勇气去面对这一次次的挑战,也不可能取得优异成绩。毋庸置疑,我就是我们学校弥漫着的惠心利人文化的受益者。

一节课,一起磨,收获满满;一个集体,一种氛围,氤氲你我。一起投向知识的怀抱,知识殿堂有你有我,一阶一梯踏实前进。惠心利人的集体利泽你我,利泽他人是一种善心,得到润泽是一种幸运。

故事二 VCE 课程成就你我他 *

为了适应教育国际化的趋势,学校于 2003 年创立中澳班。中澳班的学生需要学习中国和澳大利亚两国的普通高中课程,其中 VCE 课程

----

* 本文作者为潜正堂、李宏强、陶蕙、竹嫄、谢宇宁

是澳方需要修习的课程。为了使学生更有效地学习两国课程,我们没有照搬 VCE 课程,而是将其本土化,使两国的课程能够更好地整合起来。在这个本土化的过程中,中澳课程合作中心主任潜正堂老师执着于课程改造,李宏强老师专注于 VCE 核心课程教学,他们和其他老师一道托起了中澳班学生的一个个梦想。在众多梦想中,我们选择其中三个代表性的故事以飨读者,分别是陶蕙同学寻觅到了学习的乐趣,竹嫄同学学会了自主学习,谢宇宁同学在多元化的课程中完善自我。如果换个角度思考,两位老师又何尝不是在成就自己的课程与教学梦呢?

——题记

引进 VCE 课程

2003 年下半年,时任李惠利中学的李秉康校长看到了国际教育的发展趋势,同时也为了与普通高中形成错位竞争,开始创建中澳班。中澳班是李惠利中学中澳高中课程合作班的简称,由宁波市李惠利中学和澳大利亚联邦政府资助的重点名校黑利伯瑞学校合作举办,是由教育部颁发中外合作办学项目批准书、浙江省第一个"双学籍·双课程·双语教学"高中中外合作办学项目。"双学籍"即学生具有中澳两国高中学籍,享受两国高中生同等待遇。"双课程"意为中澳两个高中课程的有机融合,两种不同教育有效接轨。"双语教学"意为采用英语为主的双语教学,学生在双语的环境下学习,学科英语能力有效提升,并能更快、更好地适应西方教育及其思维模式。

中澳班创立之初,我就对这个项目很感兴趣,因为我本科读的是英语师范专业,毕业后也一直从事英语教学。刚好,学校也给我提供了学习的机会。在学校的安排下,我参与了联络澳方,联系外教及一些项目的谈判等工作。如同上面提及,学校创立中澳班的初衷是顺应国际化办学的趋势及与普高形成错位竞争。但随着在与澳方合作过程的深入，我们逐渐改变了创立中澳班的初衷。因为我们发现澳方的高中课程中有许多值得我们学习的，尤其是他们多元、自主的课程体系。其中，澳方的 VCE（Victoria Certificate of Education）课程吸引了我们的兴趣。VCE 课程是澳大利亚高中教育文凭课程，学生在学习结束后可获得 VCE 证书，即澳大利亚维多利亚州教育和课程评估署（VCAA）向完成 VCE 课程学习，并达到毕业要求的学生颁发的澳洲高中学历证书。该证书是进入澳大利亚高校深造本科课程的主要标准，受到英美等海外大学的广泛认可。学生在国内参加澳大利亚 VCE 考试，与澳洲本土学生具有相同资格进入澳洲大学录取体系，直接被澳洲大学录取，无需再读大学预科，也更容易申请英语国家的大学课程。在对 VCE 课程做出进一步的了解后，学校期望通过中澳高中课程融合，依托中国高中课程的优势，让学生系统学习澳大利亚高中课程，从而提高自身的综合素质、自主创新能力和国际竞争力，进入世界一流大学深造，给学生更多的选择，给学生更多的成长平台。这与李惠利中学的"让教育适合学生，让学生成就梦想"的办学理念一脉相承。于是，我们决定引进 VCE 课程。

改造 VCE 课程

我们的想法和目标是好的，可是真正想要实现这样的想法，首先是解决 VCE 课程与本土课程融合的问题。关于课程融合的问题，虽然在申请开设中澳班的过程中已经对课程进行了设计与安排，具有一定的可操作性，但是我们还是需要继续思考如何将中国普通高中的课程和澳大利亚高中课程很好地融合在一起，实现无缝对接。中澳班的学生与普通班、艺术班不同，他们要学习两种课程，中方普通高中课程及澳方的高中课程。但是同时学习两种课程对学生们而言压力巨大。因为时间少，任务重，于是我们就商量着，不能引进所有的澳方课程，应该引进一些有针对性的核心课程，就如同我们有自己的重点课程语文、数学、英语一样。在进一步了解到澳方的核心课程后，我们首先引进了中文、英语、数学方法、物理、化学等几门核心课程。因为这些课程与中国本土的高中课程有更多的相似之处，也便于中澳班的教师对其中的课程内容进行调整，使其与中方的课程内容更贴切。

2011年，综合澳方的建议以及学生的适应性，我们又引进了"进阶数学"课程。《澳洲课程标准》明确指出"数学是研究秩序、关系和模式的一门科学，从数学起源计数和测量的演变历程来看，数学已经以一种高度复杂和优雅的方式，演变成为描述现实世界的一种通用语言"，"数学和统计学为人类提供了一种强大而合乎逻辑的、简捷而精确的思维模式和沟通手段"。"进阶数学"中的统计与分析是占据比例最多、最重要的一个模块，而且进阶数学的4次SAC(School Assessed Coursework，校内考试)安排得很清晰，每个模块的教学结束后进行SAC，SAC考试的分数占高考分数的三分之一，因此对学生而言每一次SAC考试的分数都很重要。然而更重要的是，学生对进阶数学和SAC考试感觉很有趣。

上述六门核心课程是澳洲统考、高考的课程，学生只学这几门课并不能毕业，还要取得中国高中课程中的基础学分，以及五门澳洲的选修课。为此，从2016年开始我们又增加了会计、计算机编程和经济学等衔接海外大学的选修课程。

当然，这些课程并不是几个人一下子就能拍板决定的，而是我们团队和澳方团队多次沟通与探索，在认真考虑哪些课程是适合学生学习的情况下，在认真考虑课程的适恰性和实用性而决定的。可以说，我们中澳班的课程不同于别的国际班，不是简单的泊来澳洲课程，而是在引进澳方核心课程的基础上,让课程更加适应我们的学生,适应我们学校,让课程本土化。

实施 VCE 课程

解决了中澳班的课程以后,接下来就是如何教授这些课程的问题。中方的普通高中课程基本不会有什么问题,澳方的课程该怎么教呢?首先,在教中澳班之前教师先要接受澳方的培训,取得执教资格。然后,在教学过程中始终坚持全英文教学。

在培训中,导师向我们全面介绍了 VCE 课程的整体框架,并详细说明考核方式、内容及赋分与加减分的相关具体操作。通过培训,我们真实感受到不同于中方的澳洲文化与教学风格,特别是学生的考核方式。如高二年级学生的考核重点在论文答辩,学生完成论文写作并进行反复修改之后,按顺序轮流上台演讲,教师根据口语测试的发展等级要求,运用适当的提问技巧对学生进行提问。这为我们的中澳班教学提供了重要的参照。回国后,我们的英语便采用了类似的做法,归纳起来是"3 + 1"模式,即每一个班都有三位不同的英语教师进行针对性教学。我们的课程安排有小说赏析、电影鉴赏、媒体语言分析与写作、演讲、听力,不同的教师负责不同的模块,外籍教师进行口语、听力方面的训练,给学生提供外语语言环境、纯正的美式发音矫正学生发音不标准的问题,为日后往国外学习打下扎实的语言基础。尽管不同的老师有不同的侧重点,但是我们仍是一个紧密相联的教学团队。其中一个教师会牵着一条主线,按照教学大纲,紧跟学业评价的节奏,外教老师负责学生高二到高三学习内容的强化,以及刚刚提过的听力部分、标准口语发音部分。这里牵主线的教师和外教的教学需要无缝对接,因为牵主线的教师也要负责听力,在下一个学期的三四月份,他也要进行听力方面的检测,观测外教教的那部分内容,两个人需要及时沟通,了解学习进度,然后再相互配合,所以我们教学都是商量着来的,这也就是我们的团队教学特色。具体来说,高一年级强化英语,进行 VCE 课程的预备教学,其它学科实施渗透教学,暑假组织学生赴澳大利亚进行英语和学科学法强化培训。到高二第一学期开始全面实施 VCE 课程教学,采用英语教学,学习对报刊媒体文章的 language analysis,学习如何全方面多角度的剖析经典英文电影 Rear window,以及通过 role play 的方式进行生动形象的演讲,高三第一学期的 11 月份参加澳洲 VCE 课程考试(澳洲高考)。

VCE 课程成就师生梦想

经过近二十年的努力,VCE 课程不仅带给我们教师以新的教学视野,提升了教师的英语水平,而且还促使教师创造性地开发了属于我们学校的校本学习资料。由于澳大利亚的教材每三年换一次,教师的备课不能一劳永逸,所以课前教学资料的准备、教授思路的改进都需要教师之间彼此的合作与探讨。我们用的教学材料来自于澳方指定的两部小说和一部电影,这些小说和电影里没有任何的教学单元和任务设计,全部都要教师们自行开发与整合。于是,我们组建团队,共同研发了适合本校学生特点,可谓常教常新中澳班教学材料。

从课程到教学再到教材,我们一起经历了很多,中澳班的学生也经历蜕变,实现了自己的学习梦想。记得一位学生在他的毕业感言中写道:"比起一味灌输知识,中澳班的教师更在意知识的运用;比起抱残守缺,他们更喜欢用一个个故事来讲述知识。而对于学生来说,这种有趣的教学,竟使我们更易掌握知识。而教师对于我们来说,比起教师,更像朋友。回想起来,真诚地说,中澳高一的那段学习时光,是我记忆中学得最快乐的时光,听教师们上课如沐春风，我第一次对学习如此感兴趣。还真是激情造就一切。我想我一生都会感恩那些'开发'了我的教师们。之前，我甚至从未想过我在演讲和写作方面竟可以有这样的天赋。中澳班的独特，在文科的教学方法和测试标准上突出地显现了出来；英语也好，中文也好，比起选词填空和阅读理解，更在意如何运用一门语言，演讲、论文、专题研究、实事评述、文学赏析，缺一不可。并且庆幸，学科的文学形式并不单一，而对于我来说，恰恰正中下怀。未曾想过，一部优秀的电影作品可以蕴含如此之多的文学影射与社会思考，叫人受益匪浅；未曾想过，一份天马行空的想象可以赋予文章如此的华词妙构与深厚韵味，令人拍案称奇。我个人尤其喜欢中文的重点研究和想象文写作。上至天文，下至地理，但凡是感兴趣的主题，任君挑选。而更让我享受的，或是你于台上，'考官们'于台下，一个个刁钻的问题连珠炮似地打过来，电光火石之间，分庭抗礼；或是考试时面对一个别出心裁的想象文题目来一场思维的较量，思绪仿佛畅游于云海之中。也正是在这一场场较量之中，我的潜力才得到了开发，我也找到了我一生都将热衷的爱好。我，得到了改变。"

更为重要的是中澳班甚至改变了一些学生的命运。很多学生在国内是一个很普通的学生，高中毕业后最好的可能就是读一个三本院校，更多的可能是专科学校。但是到了中澳班之后，他们能够收到好几份澳大利亚大学的录取通知书，可以选择自己心仪的大学。如果是在国内，可能只有高分学霸才能有这样的待遇，但是只要中澳班的学生努力学习，也可以享受到国内顶尖学霸同等的待遇，很多学生进入中澳班后自信心大增。学生在中澳班找到了适合自己的发展道路，他们可以根据自己的兴趣、爱好与特长选择专业。下面以三位同学的梦想故事为例，做一些分享。

陶同学找到了学习的乐趣

年华一度，兜兜转转间，两年半的中澳班生活就这样结束了。回首两年半来的成长经历，中澳班让我收获颇丰。高一这一年是开拓未来的关键一年。还记得高一时我们拿着和普高一样的课本，还带着些许茫然，抱怨自己学的一点都不"国际化"，直到后来开始接触 VCE 教材，我们才发现高一这一年所学的内容是往后所有学习的基础，我认为这也是中澳班课程设计的优点之一。尤其在数理化的学习中，有了一定的基础知识后，我们只要掌握一些重要单词，看懂冗长的英文题目，解决它就变得轻松了许多。正是因为有高一这段时间的铺垫，我们才得以很好地衔接上 VCE 课程的学习。

谈到 VCE 的学习，一场又一场的 SAC 考试显然是其一大特色。当最初知道要考完几十场大大小小的校内测试，且每场考试的成绩都要计入高考分数时，大家都不知如何是好。随着 SAC 考试阶段性地进行，我们的学习从来无法中断，总是一科考完就投入到下一科考试的复习中。没有了一考定终生，便不再抱有侥幸心理，两年半来的中澳班学习生涯教会了我踏踏实实学习，稳步向前。除此之外，VCE 的各科教学相较于国内而言，与我们的日常生活联系更为紧密。以前我们常打趣说："现在学的这些东西等到以后一点用都没有。"然而不论是在我们的课本，还是在大小考试中，知识点总会关联到一些生活现象以及实际的学术研究。

VCE 课程给了我海外求学的能力与信心。在两年半的 VCE 课程学习中，除了习得知识、冲刺分数，我们也培养了将来到澳洲学习的素养。就比如在英语学科的学习中，不再是停留于文章的理解上，它要求我们对文本的背景、逻辑、技巧进行分析。教材经常用的是一部电影、是一本小说又或是来源于社会的媒体文章。严谨的"TEEL"的格式是我们这两年半来在 EAL

文章的写作中一直所遵照的，而这样的文章逻辑架构的熟练运用也为以后国外大学研究性论文写作打下了坚实基础。同时，VCE 课程也锻炼了我们的演讲能力、团体合作能力。高一时外教让我们用吸管搭一座小桥的活动让我印象尤为深刻，不仅是动手能力、创新能力的提高，我们还从中摸索出了如何整理小组的结果并以 presentation 的形式呈现的途径。在那一次活动中得到的经验使我今后面对大学生活中的每一次 presentation 的信心倍增。再者，VCE 课程总是给我们很多自由支配的时间，我们能够抽出时间做一些自己感兴趣的事情，为平时的学习生活增加不少乐趣。

竹同学学会了自主学习

在中澳班两年半的 VCE 课程里，我觉得受益最多的是一种自主学习能力的培养。学校的课程安排虽然紧凑，但也并非是"填鸭式"地强行规划，反而给了我们很多自主安排的时间。这样的教学安排和在澳洲的学习体验是接轨的，也让我在今后三年的大学生活中受益匪浅。

我记得那年的 ESL 课本是米高梅电影《十二怒汉》的剧本，学校组织我们集体观看这部黑白电影的原片，还去逸夫剧院看了改编版的话剧。上课的时候，我们还参与戏剧的演出，扮演其中的角色。虽然本意是为了锻炼语言能力，但是从这样的学习过程所获得的远远超过语言本身。因为从剧本出发，我们能够体悟到戏剧的场景，剧情是怎样发展的，以及剧情背后蕴含的政治文化。关于这些，老师给了我们耐心的指引，同时也激发了我们自己去研究的热情。

作为一个天资不算太聪颖的学生，我在中澳班也体会到了教师们包容和体恤。高一的时候，我的理科相对文科来说，比较薄弱，班主任老师及时找我谈心，指导我改进学习方式方法，并且不断鼓励我。等 VCE 学科正式开始学习时,我已经能较好地适应理科学习并在以后的学习中占有相对大的优势。在准备高考的大半年时间里,教师们对我的疑问都解答得非常细心。我记得有一次我只是问了一个小题,但是老师帮我把一整个单元的知识点都梳理了一遍。那个时候我和我的同学们都是家里先自学温习,再把问题带到学校来和老师讨论的。我觉得这种学习模式非常高效,也能养成一种自我监督的习惯。

谢同学在多元化的课程中完善自我

VCE教学给每个人都带来了相当大的挑战,由于所有课本都是全英文,这就要求我们拥有够硬的英语水准。进入高二以来,我就更加意识到了各个学科均衡发展的重要性。只有没有短板,才能在SAC考试和年终高考中占得主动权。

VCE教学和国内教学的最大区别在于,VCE课程要求学生拥有更广的知识面。比如我们学习了爱因斯坦相对论,拓宽了我们在物理学方面的视野。我们不用像国内高中生那样没日没夜地背诵古文,但我们需要学习演讲、想象文、听力与阅读重组以及重点研究等以往从未接触过的知识,这对我们来说也是相当大的挑战。

在高二的学习开展了约两个月后,SAC考试慢慢揭开了序幕。每个科目在一个专题结束了之后都会有相应的SAC,就相当于是这阶段学习水平的评估,SAC成绩和年终高考一样算入高考总分。SAC考试比国内高考更加科学的地方在于,澳洲考官会综合学生每一次SAC的分数,得到一个分数的上升或下降趋势,并根据趋势走向做一定加减分,这样一来就大大避免了考试成绩的偶然性。这也使每一次SAC都至关重要,因此每逢考试我们都会认真复习,不敢掉以轻心。

高二的第二学期开始后，我们每个人都已经开始充分意识到时间的紧迫性，毕竟距离最后的年终高考只有不到一年的时间了。在这段最后的冲刺时光里，每一次考试和大大小小的 SAC 都显得尤为重要。每个人都有已经开始为十月中旬开始的年终高考做准备，争取考出一个让自己满意的成绩，从而进入理想的大学。

在这短短不到两年的时间里，我有幸与中澳班结识，并充分感受到了她独特的魅力。无论是中澳班独具特色的教学方式，轻松快乐的师生关系，还是和谐的友好同学关系，都无疑会成为我日后最为珍重的回忆。这里有着不同于国内高中的自由氛围，如每个教师都乐意听到学生叫自己外号，全年级 80 来个学生都互相熟悉，交谈甚欢；并且这里也有着不输国内高中的激烈竞争，每个人都为了自己的梦想竭尽全力，奋勇拼搏，绘制着心中的理想蓝图。

故事三　我的 Pad 教研梦 *

乌峰杰老师是我校智慧课堂改革的先锋人物，积极运用 Pad 开展教学与研究，推进课堂转型。从刚开始接触的忐忑、喜忧参半，到经过一段时间适应后的惊喜，再到后来的熟能生巧，以及现在能够深入研究 Pad 教学，在科研上取得突破，无不渗透着乌老师的教学智慧和心血。可以说，乌老师在 Pad 教研的过程中，发展自我，成就自己，为自身开辟了新的教学天地。

——题记

---

* 本文作者为乌峰杰

与"智慧教育"的第一次亲密接触——让人欢喜让人忧

最初听闻智慧教育,是在新闻媒体和一些期刊杂志上,当时对智慧教育充满了新鲜感和好奇心,却一直未能有机会亲自接触体验。2017年,我校尝试开展Pad教学,每位教师和学生都配置了一个平板,教师们的课前准备、课中教学和课后布置作业都在Pad端实现操作,学生的学习活动都在Pad端进行。这一变革,对早已习惯传统课堂教学的教师来说冲击力着实不小,许多的老教师们更是对这个名词充满了陌生感。就这样,带着陌生和新鲜感的我们,在学校走在教育技术前沿的物理特级教师朱晓月老师的带领下,浩浩荡荡踏上了"智慧教育"的探索征程。

时间紧,任务重,让每位教师都能熟练运用Pad上课绝非一件容易的事情。因此,学校决定先在高一年级段展开尝试,将高一年级段设为了"智慧教育"的试点。第一次拿到Pad,我便迫不及待地开始了各种摸索尝试,界面上琳琅满目的个性化服务按钮,让我对Pad教学充满了期待。在暑假里,学校组织了集体集中学习,朱老师不辞辛苦冒着酷暑多次为全体教师进行培训,手把手辅导,力图让每位教师都能熟练运用Pad。朱老师的这份责任心和奉献精神深刻感染着大家,几次培训颇有成效,教师们学习热情高涨,效果明显。

新学期伊始,我们便如火如荼地进入到了Pad教学中,虽然难免偶尔有些不熟练,但是经过几日实践,操作也渐入佳境,我也逐渐发现了Pad教学所带给我的欢喜。Pad教学带给我的第一个欢喜就是"减负"。为什么这么说呢?如果你来到我的办公室,你一定会看见学生排着长队手捧作业本的画面,他们都在等待教师答疑。学生排着队拿着作业本提问答疑,然而有时候学生一道题目要花较多时间讲解,经常学生的疑问还没解决就要回去上课。看着同学们拿着作业本却没有得到解答的苦恼的表情，我总感到无奈又无力。繁忙的学业，已经带给同学们巨大的作业量，课余和午休的时间，本该让同学们好好休息一下，为下节课做好准备的小憩时光，却都被"浪费"在办公桌前排队。有的同学因此中午没休息好，影响了下午的上课状态，实在是令人痛心。这种场景终于得到了改变，而改变这一切的，就是这个小小的 Pad。有了 Pad 以后，学生遇到有疑问的题目，只需要轻轻一点"提问"键，教师的 Pad 端就立刻收到该问题。教师在方便的时候可以随时解答同学们的提问，还可以录制语音微解，一边讲一边画图，和当面答疑完全一致。而且学生可以反复观看微解，后台会长期保存所有的数据。这种线上的提问-答疑模式，突破了时间和空间的限制，学生可以随时随地的提问，教师也可以在方便的时候进行解答。从前的办公室人满为患，我讲得口干舌燥，可是还是有很多学生的疑问没有在当天及时得到解答。我往往工作到很晚，因为白天花了大量的时间来为学生们答疑，导致很多工作也无法按时完成。自从有了 Pad，我可以在下班之后在家为学生进行线上答疑和录制微解，同学们也可以在家随时观看微解，我也不需要带着厚厚的一叠资料回家，只需要手捧一个 Pad 即可。

Pad 端答疑模式的另一个令人欢喜之处就是，教师可以减少一些重复的工作量。很多学生的困惑有共同之处，平日里经常一道难题我需要重复讲解好几遍甚至十几遍，我讲得口干舌燥、精疲力尽，有些学生没有理解还会反复提问。现在有了 Pad 答疑功能，对于学生普遍有疑问的较难的题目，我都可以录制微解统一解答。全班同学都可以听见，对于错误率较高的题目，我可以摘录下来在习题课上对全班进行集体讲解。以往的习题分析课，我洋洋洒洒分析了一大堆题目，有些或许是学生迫切需要解答的，有些题目可能针对性没有那么强，现在有了数据，我再也不担心，一切都依靠数据挑选习题。还有令人欢喜的是，平时，我也可以在 Pad 端布置测试，这也突破了时间和空间的限制，测试之后我可以随时随地在线批改，同时根据数据可以得到同学们答题情况的具体反馈。有一天，我恰好接到要参加培训的任务，组里教师的课与我重叠，要找人代课还需要调动其他教师课表。这个时候，我突然想到，我可以在 pad 端布置任务，要求学生在上课时间完成任务。这样我虽然不在教室，但也可以远程"监控"同学们的学习情况，可谓是"省时省力"！

但是，最初开始实行 Pad 教学的日子，我也遇到了诸多令我担忧的事情。自从有了 Pad 一键提问的功能，部分同学就会"过度提问"。以前是认真思考以后才会来办公室提问，有了 Pad 之后，部分同学一遇到不懂的题目就会不加思考地点击提问，每天看着简单的题目也有大量的提问数量，我的内心很担忧。同时，班级里的同学第一次有了和 Pad 近距离接触，有些同学的注意力都被吸引到了开发更多新功能上，甚至上课的时候还在摸索 Pad 新功能，影响了正常的听课效率。面对这些现象，我特意召开了一次班级会议，让同学们明确意识到 Pad 是为自己的学习服务的，而不是一个娱乐工具。Pad 教学的第一阶段，我总体的感受就是让我欢喜让我忧，下一阶段要怎么让 Pad 更好地为教学服务，是我的主要任务。

利用 Pad 数据——处处有惊喜

我的班级是两个偏文的班级，班级里女生居多，虽然我经常鼓励同学们积极向老师请教，但个别女生生性腼腆，不太善于与教师沟通，遇到不懂的题目也不好意思来办公室提问。使用了 Pad 教学一段时间以后，通过数据分析，班级里有一位 F 女生，引起了我的关注。这位女生平时作业正确率很高，但是几次考试下来，都不甚理想。我和这位女生面对面进行了沟通，询问这其中的缘由。在沉思了很久之后，F 同学向我坦白，在平时做作业的时候，如果遇到难题，她不好意思来办公室提问，会使用手机上的 APP 寻找正确答案，而实际上并没有真正弄懂知识点，于是就出现了这种情况。我言辞诚恳告诉 F 同学这样做的危害性，鼓励她放大胆子积极提问，一段时间以后，F 同学的学习慢慢步入了正轨。这多亏了 Pad 端的数据反馈，否则这样子的个案，我还不一定能及时发现。

　　数学学习上，同学们总会遇到这样那样的问题，每位同学的问题还不完全一样。如何针对性提高学生的数学学习成绩，一直都是数学老师的难题。有了 Pad 教学以后，我可以利用数据发现每位同学数学学科的薄弱环节，并针对性地从系统库选择相关习题推送给他们进行强化练习，以达到熟悉巩固该题型的目的。Pad 教学的最大惊喜是可以让我通过数据对每位同学的学习进行精准化定位和个性化辅导。我不再用"大概""总体上"这样子的词去描述同学们的学习情况，而是直接用数据直观精确地展现。犹记得班级的 C 同学，最初开始使用 Pad 教学时候的测验成绩是 31 分，基础非常薄弱，数学学习困难重重，再加之该生性格比较内向，碍于面子，不大会主动请教老师和同学，有时不懂的题目和解法他就蒙混过关糊弄过去了。自从开始实施 Pad 教学之后，C 同学将自己的疑难点通过提问的方式推送给我，我逐一进行详细解答，并录制微解发送给她。同时，我利用了 Pad 端的"个性化教学"的功能，针对 C 同学的实际学习情况从平台素材库选择合适的习题作为课后额外补充作业，帮助她通过习题操练夯实基础，学会解题技巧和关键，理清某一类题型的解题思路和技巧。每天推送一道题，日积月累积少成多，她逐渐掌握了不同题型的解题思路和技巧。小小的 Pad 像是一座桥梁，冲破了时间和空间的阻碍，不论何时何地，我都可以进行个性化辅导，了解 C 同学的学习动态。最终，C 同学在 Pad 教学实施一年以后，数学成绩达到了 116 分,这飞跃式进步的背后,Pad 教学功不可没。而我们班的整体数学成绩,也因为有了 Pad 教学,得到了稳步地提升。究其原因,主要有两个:一是"一键提问"功能方便了同学们的提问答疑,也使得腼腆的同学可以积极提问,同学们的困惑一个个迎刃而解,学习成绩也自然稳步提升;二是 Pad 教学提供的数据让我掌握了每位同学学习的精准信息,可以针对不同同学的具体学习情况推送相应的习题和资料,进行个性化辅导,同学们查漏补缺,不断提高自己的短板,数学学习的动力足了,成绩自然相应提高了。

利用 Pad 数据,尝试科研探索

从实施 Pad 教学的这些日子以来,自己对各方面的功能已经有了更加深入的了解,对智慧教学也有了自己的体会和思考。在长期使用 Pad 教学过程中,我开始有了更多的感悟,尝试摸索智慧教学的模式,并尝试着画出了结构图。我想,何不趁此机会系统性写一篇文章? 于是我查阅文献、搜集数据,将自己使用 Pad 教学过程中的点滴心得记录下来,并将平时工作中如何利用 Pad 平台数据服务于我的教学的实践记录下来,尝试着撰写成了一篇论文。智慧教育的论文目前并不多,在前辈们的指导下,我摸着石头过河,尽可能地搜集分析更多更全面的数据,将论文写得更具有科学性、实践性。这篇论文历时 2 个多月终于完成,期间因为数据的搜集和整理耗费了不少心思和时间。恰逢当时宁波市教研室组织首届"精准教学"论文评比,我怀着试试看的心情,将这篇文章投稿。本来只是抱着尝试的心态,没想到这篇论文获得了宁波市首届"精准教学"论文评比一等奖,还有幸推选到省里,获得了浙江省二等奖。这个奖项给了我无限的惊喜,但更重要的是给了我巨大动力,它督促着我继续前行,促进我对智慧教育下一阶段研究有更多方面的思考。最近,我正在尝试探索智慧教学的评价机制,以及如何利用

Pad数据提高学生学习效率等问题,希望能深入地研究 Pad 教学与学生学习之间的关系,为智慧教育更好地服务于教与学提供实践范式与专业知识。不管怎样,智慧教育这条路,我将坚定地走下去,也希望同道与我同行,创造更加美好的课堂教学。

故事四　我与青年教师研究会共同成长 *

学校的物质文化系统是多维的,开展各种各样的活动能看到校园物化建设的动态成果,可谓是异彩纷呈,彰显出了校园建设的特色。青年教研会就是我校物化系统的建设成果之一。那些参加工作不久、充满干劲的青年教师们,怀揣着梦想,在一线奋斗,为学生带来知识的同时,也接受着学校文化的熏陶,与校园文化共成长,创造属于青年教师的物质文化。青年教师研究会的设立从学校实际出发,遵循物化文化的建设策略,在学校"惠利"文化引领中快速成长,下面这个故事讲述了青年教师研究会从最初的建立到后来的发展以及不断壮大的历程。为我们展示了青年教师研究会中教师们共同学习、逐步提升专业水平的点点滴滴。正因为有了青年教师研究会,我们学校的青年教师发现、发展、实现了自己的梦想,彰显与传承了我校"惠利"文化的价值。

——题记

筹 备 与 成 立

2017 年 2 月 23 日,春寒料峭,但在李惠利中学惠心楼的会议室,30 名

---

* 本文作者为汤颖芳

青年教师却感受到了阵阵暖意。这一天,学校召开了2017年学校青年教师工作会议暨"惠利"青年教师发展研究会成立预备会议。会议的主要内容是研讨青年教师的专业发展和个人成长之策。

这次的会议非比寻常。全校120余名教师中,35周岁以下的青年教师有30名,数量可谓不少。在此之前,学校也一直重视青年教师业务水平培养和职业发展规划。每年九月,学校组织"师徒结对"活动,为青年教师配备学科师父和班主任师父,让青年教师有路可循,有人可问,少走弯路,快速成长;每年学校都组织读书会,开展读书沙龙,以读书促学习,以研讨促进步;同时,还会召开青年教师座谈会,倾听他们的心声,解决青年教师们的疑惑。但是,为成立专门的青年教师发展组织而召开的预备会议,这是第一次。

会上,刘校长向各位青年教师分享了自己教育职业生涯发展的点滴,希望青年教师利用学校搭建的平台,向同行和校内外专家学习,快速提高自身业务水平。青年教师们对于专业发展纷纷提出自己的想法,与学校领导、同行进行热烈的交流,大致明确了教师专业成长的基本路径。

会后,学校正式建立"惠利"青年教师发展研究会微信群,刘校长与大家分享了《教师的"二次成长"——成熟型教师的成长规律与生长方式》《怎样讲好公开课》等文章,督促青年教师学习消化。我们回去之后认真学习,特别是针对教师的"二次成长"话题在微信群中展开了积极的讨论。我们发现,教师的成长规律是很奇怪的,必须是在全校教师基数得到较大提高后,教师个人才主动地去自我发展,自我成长。通过学习和讨论我们才明白教师团队原来呈金字塔式结构,以团队合作形式发展,才能堆出金字塔上的卓越型老师。通过阅读和交流,青年教师们认识到一个优秀的教师是由两次成长构成的,第一次成长是完全掌握教学方法与步骤,熟悉教材,开始关注学生以及学生成绩。慢慢地，一切都步入正轨之后，所有的事情变得得心应手，就会出现职业倦怠，但是身处其中的教师并不能感受到自己的处境。教师的第二次成长，是教师看到自己停滞不前并且想要打破现状，开始有自己的想法了。起决定性作用的恰恰就是第二次成长，这是成为卓越型教师的前提。除了文章，学校还邀请大学教授、中学校长、特级教师加入微信群，为青年教师答疑解惑。

经过一段时间的微信交流，在领导们的亲切关怀下，2017 年 3 月，"惠利"青年教师发展研究会正式成立。我被推选为会长，杨栋老师、李木谢子老师为副会长，严旭春老师和乌峰杰老师分别担任文科组和理科组负责人，研究会接受学校教科室的领导。成立之初，刘校长对研究会提出了一些要求，"青年教师都有进步的愿望和需要，但是可能平台和途径有限，他们不知道力气该往哪里使。如果错过了最佳的成长时期，无论对于青年教师个人还是对于学校的发展，都是巨大的遗憾。成立这个研究会，就是要为青年教师们的成长提供平台，提供指导，提供机会，让学校成为青年教师们的坚实后盾。"

根据领导的嘱托，结合青年教师的成长规律，我们拟定了研究会目标，即致力于青年教师的专业成长，帮助教师制订合适的个人发展规划，明确阶段目标，加强过程管理和目标检测。用"任务驱动"的方式，有重点地推动青年教师和相关学科教研组备课进程，在某些项目上开展具有突破性意义的研究和实践工作，逐渐确立相应的学术地位。

活 动 与 培 养

教师是学校的人才资源，更是学校的宝贵财富，而青年教师便是学校的未来和希望。但由于青年教师刚走上工作岗位，教学经验不足，需要一段时间的培养和帮扶。榜样的感召力是无穷的。当人们以为梦只能是梦,难以成为梦想的时候,只需要一位优秀的前辈站在面前,讲述自己的志向、困难、方法和经历,那些战战兢兢的梦想就会被激活。

为了激励青年教师的专业成长,2017年3月23日,研究会举行了第一次活动。学校邀请宁波市名教师、浙江省师德楷模、余姚市优秀中青年人才、余姚中学钱海林老师为研究会讲座。钱老师回顾他自身在成长历程中遇到的多次困难,给我们传输了一个重要理念:为什么我们有时候没有办法? 其实是因为我们做得不够好,是我们不够努力地解决问题。钱老师回顾了他如何以这个理念,去把每一件平常的小事情做到最好,并从中得以成长的历程。就以最平常的师生关系来说,有些学生会因为喜欢一个老师而喜欢一门课,对于教师来说,构建良好的师生关系是教师专业中最重要的技能之一。构建良好的、相互信任的和亲密无间的师生关系,是一门需要教师毕生学习和研究的教育艺术。构建良好师生关系的能力是教师教育能力或影响力的体现,但无论是在师范院校学习时、还是入职后接受继续教育时,绝大多数教师都很少受到过这类培训。让学生尽可能地多了解自己、认识自己对建立良好的师生关系非常重要。所以多给学生分享自己的兴趣爱好,或是精神世界,便是架起了一座沟通的桥梁。当学生感到自己受到重视时,会和教师建立起亲密的关系,会获得安全感,学习动力也会大大提升,承受挫折的能力也会增强。不管是教师与学生之间,还是人与人之间,良好的关系都是通过一件件小事建立起来的。讲座仿佛一场头脑风暴,让青年教师们意识到工作中有无数的困难,但比困难更多的是方法,比困难更强大的是决心,比困难更有生命力的是青年教师的无限可能。

为了牢固树立青年教师的教育理想与目标,2017年4月27日,研究会邀请学校党总支书记做题为《教育着重学生的眼前,着眼学生的将来》的报告,进行了一场理想信念教育,为青年教师树立了教育目标。

为了持续提高青年教师的课堂教学能力,研究会联合学校,邀请地理特级教师、英语特级教师、数学特级教师进学校,指导青年教师的"有效教学"研究活动。专家教师走进教室,观摩、指导数学组鲁振兴和乌峰杰老师、英语组李木谢子老师、地理组张琳娴老师和政治组朱笛老师的展示课,收集课堂证据,提出具体的改进建议,帮助青年教师优化课堂教学。教研是青年教师成长成熟的重要标志之一。如果说能教书只是"匠"的话,那么,做研究就是从"匠"走向"家"最好的途径。因为有了广泛的阅读作为积淀,有了课堂的实践作为实战,就具备了使青年教师从"匠"走向"家"的重要条件。学校积极开展教研活动,目的就是使青年教师在活动过程中增长经验,提升技能。

为了使青年教师更好地适应"互联网+教育"和有效指导学生职业生涯规划,2017年7月6日至8日,研究会分别邀请杭州师范大学教授和镇海教师进修学校副校长做《专业化视野中班主任的角色与修炼》和《互联网+时代的数字化实践思考》的讲座,并组织老师们赴宁波市学生职业生涯体验中心进行职业生涯体验。

为提升青年教师的班主任工作能力,研究会邀请宁波市"百名优秀班主任"杨玉环老师和有30年班主任经验的何彩珍老师传授经验。青年教师们被两位老班主任对教育的热爱与执着感动,也被她们灵活多样的工作方法启发,对班主任工作少了一份畏惧,多了一份信心。越来越多的青年教师投身到班主任工作中,体会班主任的辛劳付出与收获的快乐。

青年教师们学习能力强,但往往由于工作忙碌,忽略了理论充电。新时代的教师不仅应该有工匠的精神,还应该具备理论的高度、前沿的知识和科学的方法,争做研、教一体的教师。2017年暑假,研究会给每一位青年教师发了一本钟启泉教授的《读懂课堂》，希望青年教师们利用暑假时间研读，结合自身经验和体验，完成一篇读后感。假期结束后，研究会专门邀请相关教育专家对青年教师的读后感进行点评，并一对一指导他们的论文写作。

从教学到科研，从实践到理论，"惠利"青年教师发展研究会为青年教师做好服务，提供平台。校园的银杏从一身翠绿到满身金黄，李树、樱桃从开花到结果，也见证了青年教师成长的点滴。

压 力 与 困 惑

从来就没有一帆风顺的航行，从来就没有如履平地的攀登，翻过丛丛荆棘才可能见到山那边的美景，这是古往今来的道理。更何况，教育本就是负重前行。

青年教师们首先要对教学内容烂熟于心、融会贯通才能站稳讲台，这是教学层面的困惑。要理解教育理念和学生心理才能引导学生，这是教育层面的困惑。这两件事要做好本就不易，更何况，教育改革、高考改革、课程改革势如破竹，时代的巨轮带给了青年教师们更多的学习任务。还有不少青年教师经历着结婚、生子的人生大事，生活从照顾自己向照顾老人和孩子转变，这是自身层面的困惑。理想和现实的矛盾不断冲击年轻人的理想化心态。从矛盾，磨合到适应，再到发展，青年教师在一系列的困惑中慢慢成长。对青年教师专业成长的困惑进行分析，寻找解决困惑的对策，对于青年教师的专业成长具有重要的意义。

我们的青年教师，毕业于不同的学科专业，有学士也有硕士，他们掌握了扎实的专业理论知识以及教育学、心理学等方面的专业知识，从技术层面上指导初中生或高中生应该绰绰有余。但是当我们走上讲台，准备卖卖自己专业知识的时候，却发现自己的那点专业知识并不足以应对现实中的种种问题。其实并不是专业知识不够用，而是还未能完全掌握教学的技巧，理论与实践的磨合还未完全贴切。教师需要一种特别关键的能力就是学会反思。按教学的进程，教学反思分为教学前、教学中、教学后三个阶段。课前的反思相当关键，能使教学成为一种自觉的行为，并有效地提高教师的教学预测能力和分析能力。如教学前想一想，这节课的教学目标是什么，教学重难点在哪，自己的教学设计要体现什么教育理念，应采取什么教学方法，课堂上可能会遇到哪些问题。只有课前成竹在胸，课堂上才能驾轻就熟，遇到突发性的问题也能做到临变不惊，这样，教学中才能充分发挥教育智慧，灵活地驾驭课堂。与此同时教师在课堂教学中出现疏漏在所难免，有时还会出现"败笔"，对这些教学的遗憾应进行深刻地反思和探究。青年教师发展研究会就是教师个人专业能力成长的一个平台。除了日常教育教学的活动，还需要有公开展示自己的平台，比如上公开课、示范课、研讨课或参加各种教学比赛。青年教师通过上教学研讨课、公开课或示范课，同学科教师共同研讨教育教学中遇到的各种问题，总结教学中的成败得失，这对教师的专业成长具有重要的意义。通过举办一些比赛活动也能促进教师业务水平的提高。

乘着课堂教学改革的风，我校地理教师何芸对 Pad 教学开始了研究。她尝试新的教学理念，研究新的技术手段，从普通的多媒体教学到运用 Pad 实施教学，再运用 Pad 平台的大数据优化教学，通过点滴的尝试和研究积累到一定的广度和厚度，参加了"浙师尖峰教育论坛及浙江省高中地理名师网络工作室教学展示活动"，希望能通过更大更广的平台实践教学，推广课堂改革的经验。在何芸老师上课时，一同参与 Pad 教学活动的其他教师也参与听课，互相学习进步，严旭春、周挺两位年轻教师的课堂也同样精彩，他们信息技术运用熟练，教学设计别出心裁，课堂调控能力强。有了 Pad 的辅助，课堂变得更加生动活泼。从课堂中可以看出青年教师具有非常巨大的发展潜力和可塑性，学校应该多给年轻人搭平台、压任务、多展示，通过"任务驱动"不断"赶"着他们在专业发展道路上尽快成长。之后，何芸老师又在多次的公开课竞赛中获得了优异的成绩，这份荣誉一定和青年教师研究会以及自身的努力是分不开的，在省市级教学研讨活动中，何芸老师承担了多次公开课和讲座的任务，每一堂课的备课过程是从无到有，从有到精，由精再磨的过程，有时一堂课是好几个日夜奋战得到的，有时一堂课是课堂上的灵机一动，率性而为。在 Pad 平台的帮助下，把学生的问题充分暴露出来，由教师掌握课堂数据，拥有"全能视角"，有的放矢地定向治疗每一个学生的"问题"，有效地做到"以学定教"。同时，搭建起人文地理与自然地理要素之间的相互关系，真正实现了对学生地理核心素养和实践力的培养。

工作的困难和生活的压力有时也会让充满朝气和激情的青年教师感到疲惫，忙碌的教学工作之外还要接受研究会布置下来的其他学习任务，要说没有畏难之情、退缩之意，这一定是假的。研究会从青年教师们的实际情况出发，将工作化繁为简，综合考虑校区、学科、班主任老师的具体情况，照顾怀孕和哺乳期老师，在每次活动中努力做好前期协调和准备工作，尽量少占用青年教师们的时间，提高效率，做好服务。用钱老师的话来说，就是"方法总比困难多！"这些压力成为前行的动力，把困惑一个个解决后便是走向未来的铺路石。

"惠利"青年教师研究会成立一年半以来，在学校搭建的平台上获得了全方面的指导，青年教师们进步显著，收获满满。其中应贤玲老师获部级精品课程，张琳娴老师获省级精品课程，乌燕萍老师获全国网络课例遴选创新案例，胡甜甜、严旭春、朱靓三位老师获全国网络课例遴选典型案例，杨淑榴老师获研讨案例。张琳娴老师撰写的论文获浙江省地理学科论文评比二等奖。近三年来,98%以上的青年教师在各级各类比赛中获奖。

感动于学校对于青年教师不遗余力的栽培,感动于李中前辈对于青年教师倾囊相助的厚爱,也感动于三十余位青年教师克服困难、学习进取的精神。研究会和青年教师们在"惠利"文化的浸润下成长,宛如一片小树林汲取"惠利"文化的阳光雨露,待到来日绿树成荫,必将"惠利"文化不断传承。

故事五　我与学生一起追寻英语梦*

每个学生都会有梦想,故事中的男生心中藏着一个英语梦:成为英语能手。男生的英语老师吴婷婷发现他的兴趣和梦想之后,因势利导,因材施教,进行全面细心的辅导。在学生迷茫时,给予指导与鼓励;在学生取得进步时,一起欢庆;在学生遭遇失败时,分析原因,帮助学生克服困难,重拾信心,一起感受英语学习的乐趣。老师和学生教学相长,在一次次蜕变中获得"新生",生动阐释了学校"惠润每一位学生,利泽每一个梦想"的文化理念。

——题记

初来乍到,脱颖而出

"叮铃铃……"随着高一第一节英语课下课铃声响起,我拿着书本环顾四周,慢慢走出教室。有些同学走出教室呼吸新鲜空气,有些和新同学热烈地交谈,我的目光被一个清秀的男生吸引住了。他坐在课桌前,认真地整理

＊　本文作者为吴婷婷

着本堂课的笔记。我走了过去,随手翻阅他的英语课本,惊讶地发现课本里已经是满满的笔记,圈圈点点,各种记号。这引起了我极大的兴趣,便俯身询问这位男生。他告诉我,英语是他从小的兴趣,进高中之前他就借来了必修一到必修四的英语课本,将所有不会的单词用荧光笔标注,以三到四天一个单元的速度把四本书的单词熟悉了一遍,并将必修一、二的单词语法及短语用法作为重点专门做了笔记。现在他结合课堂所学,再对笔记进行整理。我被这位男生认真好学的精神打动了,暑假里提前预习高中知识是很多学生都会做的事情,但是这位男生能坚持到底,实属难能可贵。于是,高中学习生活的第一天,我便深深地记住了这位男孩子——S同学。

刚踏入高中大门的同学们,适应英语课堂的全英文教学模式难免有些困难。大多数的孩子,初中的英语学习更多专注于做题,忽视了听说读写的全面发展,尤其是听说这两方面。因此,第一学期的前几节课,虽然我设计了鼓励同学们大胆开口的一些个人活动和小组活动,但同学们的参与度不高。这并不是同学们不愿意,而是多年的英语课堂模式让他们一下子难以适应这种转变,他们习惯了英语老师直接将语言知识灌输给他们,很少真正在英语课堂开口。看着同学们想表达又不敢开口的表情,我陷入了困境。

就在课堂师生互动一度陷入尴尬境地的时候,S同学的表现令我印象深刻。每一单元我设计的课前讨论他都踊跃发言,哪怕自己的词汇量不足以准确表达他的观点也乐于尝试。S同学积极参与课堂的行为很快带动了其他几位同学,渐渐地,课堂上敢开口的同学多了起来,小组讨论也更有成效。随着时间的推移,S同学课堂发言的语言质量越来越高,词汇量输出也随之增长,语音语调也更加标准。偶然的一次聊天,我得知课外他通过自学《书虫》相应级别的原版小说不断进行扩充,同时还开始配合教师自学《新概念》第二册后半本的课文以扩充词汇量。看着《新概念》课本上满满的笔记，有时甚至超越了我所准备的内容，我对他的这股好学劲头愈发佩服。

努力钻研，大胆突破

S同学在英语学科上的投入使他很快在班级里脱颖而出，每次考试都名列前茅。但是，他并不满足于卷面上的分数，有一天放学后，他找到我，询问我能否推荐学习地道美式英语发音的方法。我又惊又喜，此时正逢新高考改革后的第一次学考，同学们都如火如荼紧张地准备着，学习的重心也倾向于学考科目，大家都打算学考通过以后再好好学习英语，甚至个别同学认为英语是一门无需技巧的学科，先搁置一段时间完全不会影响该学科的学习。因此，当S同学向我咨询这个问题的时候，让我吃惊的是在紧张的备考时期，他还能继续专注于英语学习，让我惊喜的是他在英语学习的道路上不断追求进步，渴望取得突破的决心。他说："我一直以为自己的发音还是不错的，也一直得到老师们的肯定。但是我接触到"趣配音"这个软件以后，发现自己的英语综合水平尤其是口语水平还不足，我决定改变学习英语的格局，不仅仅是应试体制下的英语学习，更应该全方位提升。"他还说，参加了几次听力难度较大的考试之后，更加深刻地认识到了这一点。于是，我推荐他每天上 BBC、CNN、VOA 等网站模仿地道的发音，阅读 Times、China Daily、Economics 这些专业期刊杂志纠正发音，认真做笔记，模仿文风，会英语语言地道的使用。他如获至宝，连连点头。

其实，我给S同学的建议也是很多英语教师都会给学生提供的学习方法，只是大部分同学没能持之以恒的坚持下来，因此英语水平并没有得到实质性的提高。S同学一开始也能做到每日坚持，他的笔记也慢慢丰富了起来，看着他乐此不疲沉浸在学习英语的世界中，我也被这股劲头深深打动了。随着学考的日子越来越近,我开始担心他能否在复习学考和英语学习之间达到平衡,我甚至想找个时机提醒他,可以适当把英语学习放下一阵子。但是有一天下课我路过他的座位时,看见他正在埋头做一张数学试卷,口中还念念有词。做数学题怎么还需要动口,这是在念口诀吗?我好奇地走近一些,发现他口中念的是英语,chase the rainbow、face the music……一个个英语习语从他口中蹦出来,竟丝毫没有影响他做题的速度。没想到,英语学习非但没有影响到他的复习学考,反而和其他学科有效结合,成为了做题的调剂品。

小试牛刀,意外惊喜

一眨眼,一年光景过去了,S同学也顺利度过了高中的第一年。高二第一学期刚开学不久,S同学羞涩又胆怯地告诉我,想参加中央电视台CCTV"希望之星"的英语风采大赛,因为下一次的学考是自己比较有把握的科目,他也想检验一下自己真实的英语水平,但作为一个普通学校的高二学生,他对自己的英语水平没有把握。迄今为止还没有学生参加过这种大型比赛,个别同学参加过相关英语大型比赛的也都止步于初赛,说实在的,我的内心也替他捏一把汗。但是看见他这股敢于尝试的勇气,我拍了拍他的肩膀:"这是一个很能锻炼自己的平台,去试一试,不要过分重视成败,享受比赛的过程,多认识几个志同道合的选手,也许将来还能成为学习上的伙伴。"他认真地点了点头,填写了报名表。由此,他的竞赛之路开启了。

熟悉"希望之星"英语风采大赛的朋友们都知道,这个比赛的选手除了展示自己的英语能力之外,还有一项才艺展示。选手们为了顺利晋级到下一轮,可以说是使出了浑身解数,茶道、跆拳道、乐器、舞蹈……所有的看家本领都展示了出来。面对这项比赛要求,S同学犯了难。比赛即将开始,时间紧迫，自己课业压力大，没有充足的时间练习乐器或者歌曲，自己也没有什么其他特殊的才艺，如何能够在第一轮众多选手中脱颖而出，确实是个头疼的问题。就在他一筹莫展的时候，我突然想起这一年来 S 同学苦练发音，英音和美音的读音已经非常标准，去英语角的时候，老外都啧啧称赞，何不在才艺环节凸显这方面的才能呢？ S 同学冥思苦想了好几天，终于灵机一动发挥他能自然流利地切换英音和美音这一特长，编了一段现场电视采访与播报，用英音和美音一人分饰 CNN 主持人和 BBC 记者两个角色。凭着英音美音自然流利切换和才艺秀独特的创意，他最终顺利地晋级到宁波市决赛。得知他成功晋级的消息，我由衷地替他开心。我知道，成功的背后凝聚了多少的汗水和心血。而这一次完美的出师，给了他莫大的信心。接下来的比赛中他越战越勇，面对评委们犀利刁钻的问题不再面露难色，而是正面沉稳地回答，答题技巧也明显提升。最终，他获得了宁波市总冠军、浙江省季军，并顺利晋级到了全国总决赛。这意味着，他最终站上了英语学习者们最渴望登上的殿堂——"希望之星"全国总决赛的舞台！大家都知道，能在这个舞台上发光发热的都是全国英语学习的佼佼者，都接受过专业的训练，来自名牌学校，对我们这样一所普通高中而言，真的难能可贵。

稳步前进，越战越勇

"希望之星"的获胜给了 S 同学莫大的信心，也为接下来的比赛道路奠定了基石。高二那年，他继续报名参加"外研社"全国高中生英语演讲大赛，希望能站上另一个舞台锻炼自己。此次比赛的演讲话题是"垃圾围城"，围绕环境保护这一话题展开。环保的话题一直都是英语演讲、写作常见话题，如何将这一话题讲的深入人心但不随波逐流呢？ S 同学再一次陷入困境。在演讲比赛中取胜，除了选手的语音语调以及临场发挥之外，演讲稿的内容也非常重要,评委们毕竟更想听到有想法有深度的文章,S 同学冥思苦想几天之后依然无果。我告诉他,评委在欣赏你漂亮的发音的同时,也非常注重内容,一定要有"干货",让评委们尤其是外教评委耳目一新,可以从其他角度来考虑这个话题,力求有所突破。

有一天下课,他兴冲冲跑过来给我一个 U 盘,让我打开看看他的稿子写得怎么样。我非常惊讶他写稿的速度,打开文档,已经是一篇 400 多字的演讲稿。"感谢同学们的帮忙,我找了几个同学一起动脑筋,从政治、历史、经济、社会多角度来写这个话题,希望能和别人不一样吧!"S 同学腼腆地笑笑。但是,这淡淡一笑的背后,是班里几位同学翻阅资料、热烈讨论、通力合作奋斗的心血。我为 S 同学的钻研精神感动着,也为同学们献计献策的团结感动着。接下来的日子,S 同学每天必定抽空来我办公室现场演练,经过一次次计时修改,总算把演讲时间控制在了规定范围内。针对现场提问的环节,我请组内的老师帮忙扮演评委,针对该演讲稿内容进行提问,从常规问题到刁钻问题,我们都进行了演练。经过每日坚持模拟演讲和临场问答,S 同学临场发挥的能力也慢慢提高。最初面对我们提出的刁钻古怪的问题,他会略显紧张,有时候会不知所措,经过一段时间的"折磨",S 同学摸索出了破解难题的技巧,已经能够巧妙而不失礼貌地回答评委的各种问题。

比赛的日子如期而至,由于比赛那天恰逢学校有公事要处理,遗憾不能亲自到现场为他加油打气,我抱着想问候又怕打扰的心情紧张地度过了一天。终于熬到了下班的时间,约摸着比赛快结束了,终于按捺不住打了个电话给 S 同学,电话接通的那一瞬间,连招呼都没打,急切地问他"结果怎么样,一切顺利吗?"我真的迫切想知道我们那么多天的坚持和努力有没有得到回报。"老师,我得了一等奖,晋级浙江省决赛了!"电话的那一头是掩饰不住的喜悦。太好了！我几乎想立刻飞到现场与他拥抱，庆祝我们那么多天的努力没有白费，庆祝机会还是垂青了一直以来默默奋斗的人。

拨开阴霾，走向光明

高三伊始，同学们都在为第一次英语高考积极做准备。S同学作为班级里英语学习的佼佼者担负厚望，我们都期待在英语第一次高考中听到他首战告捷的好消息。一切都按照期望进行，每一次的模拟考试，S同学不负众望都是名列前茅，尤其是英语作文，一直都是他的强项。多年来的语言积累，使得他在英语写作方面如鱼得水。我一直笃定相信，凭借扎实的语言功底和认真的态度，S同学一定能在考试中收获满满。

查分的那个晚上，手机陆陆续续收到了同学们的消息，唯独没有S同学。我一颗心悬着放不下，总是时不时拿出手机，生怕错过了他的消息。一直到晚上十一点，手机收到一条消息"对不起，Stella，让您失望了，123分。自己都不敢相信这个成绩，也许是我自己太高估了自己，也许自己还不够优秀，我想接下来，我需要很长的一段时间去思考。谢谢老师一直以来的器重，让您错爱了。"我看着手机的屏幕，惊讶地说不出话来。其实我并不在乎他的成绩有没有达到我们期待的高度，我担忧的是因为这一次巨大的打击，击垮了他对英语的热爱，更担心这种状态会影响他至关重要的高三生涯。

果然，第二天见到S同学的时候，他无精打采地坐在座位上，沉浸在自己的世界里。课桌上不再是英语书，而是数学试卷，涂鸦几笔，写写停停，似乎完全不想与外界交流。我很想与他谈谈，但是这个时候生怕打扰了他，我想这么懂得自我规划的孩子是可以学会自我思考的。在批改他作业本的时候,我在本子上写道"我想聪明的你应该知道,胜败乃兵家常事,一次失败真的不能代表什么。人都有仰望他人和俯瞰自己的时候,而这一次,我希望你学会如何平视自己。一路走来的奖状和奖杯足以证明你的实力,所以无论如何,请不要怀疑自己。找出自己的不足,哪里跌倒从哪里爬起来,勤奋的你,一定会得到上天的眷顾。老师眼里,你永远都是最棒的那个。"其实想说的话有很多,想去安慰他却又不知从何说起。我的留言似乎起了作用,第二天上课的时候,S同学开始打起精神认真听课,也愿意和我互动了。他的状态逐渐好转,慢慢重拾对英语的兴趣。恰逢高三第一学期是学校作为全国中学生英语能力竞赛的考点,S同学再次迎战。这一次,他凭借着扎实的基本功获得了全国一等奖的好成绩,这无疑在关键时刻给他莫大的信心。

六月,考场外,我拥抱每一位同学进入考场。S同学从远处跑来,从他的眼神里,我看得出他对这一场考试胜利的渴望。他捶了捶胸,对我说:"老师,这一次,我是来一雪前耻的!"他对我挥了挥手,跑向了考场。我相信他一定可以实现自己的梦想,因为八个月以来,他一直在总结、思考、努力、进步。果不其然,发榜的那一天,当我再次焦急地守在手机旁,接收到的是他进步了十多分的好消息。也许这十多分不算巨大的进步,但是对于他而言,我明白每一分都是汗水的结晶。

高三结束,敲打这段文字的时候,我问他,高中三年英语学习之路的心得体会是什么,他写了这样一段文字给我:高中三年,无论你博览群书,或阅卷无数,最重要的是找到自己的源动力。循其本:你热爱的是什么,以后想做什么,为此要付诸什么。每一处黑暗中总有一线光明,每个人的内心都有一颗希望之种,只等有一天,春华秋实,你我皆成人成才。

故事六　舞出我人生　成就艺术梦[*]

　　我校艺术班学生都有自己的艺术梦,在逐梦的过程中,吴迪锋老师始终相伴左右。下面的故事就是讲述吴老师与孩子们一起寻梦的经历。他十年如一日地培养了一批又一批具有专业特长的艺术生,用教育行动唤醒学生的艺术梦想,用言传身教铺就学生艺术之路,用旋转的舞步书写自己精彩的艺术人生。正因为有一群追梦的师生奉献艺术,才更加彰显了"梦想惠人生,艺术润人心"的学校特色。

——题记

梦想在泥土中孕育

　　作为一名拥有 16 年教龄的音乐舞蹈老师,我学习艺术实属偶然。我出生在慈溪市的一个小乡村,20 世纪 80 年代的乡镇,看到钢琴的机会都很少,更何谈专业的艺术训练。因为爸爸比较喜欢唱歌,经常唱一些电视剧插曲。从小耳濡目染的我也渐渐地对声乐有了兴趣,慢慢开始喜欢上唱歌,音准也越来越好。但那时候还是没有真正得到去正规学校学习的机会,也没有这样的一个环境让我来学专业的东西。

　　初中有一次我们学校举办歌咏比赛,老师认为我唱歌还不错就让我选一首歌参加,我意外地拿了一等奖。也就在那个时候,机会来了,当时的宁波邵逸夫艺术幼儿师范学校,也就是原来的宁波幼师,需要招一个小教音乐班。这是面向宁波全市招收一个小学音乐教育专业的班级,慈溪市总共也

---

　　[*] 本文作者为吴迪锋

仅有八个名额,竞争激烈程度可想而知,在老师的极力推荐下,我去报考了这个专业。当时去考的时候,我完全没有经过专业训练,内心也十分的紧张和忐忑,想着那么多优秀的人,自己能不能脱颖而出呢? 我记得当时是从初中歌曲组里选了一首《长江之歌》来演唱并且自编舞蹈。正式考试的时候,老师觉得我音准还可以,于是我竟然出人意料的考上了。

梦想终破土而出

其实在高中以前,我连真正的钢琴和舞鞋都没见过。正式入学以后,才开始接触钢琴、声乐和舞蹈。因为我们这个班级比较特殊,毕业之后可以包分配,我们叫国家计划生,也就是考进去以后由国家培养我们。那个时候除了国家计划生,还有委培生,委培生是某个教育局委托这个学校来培养。我是国家计划生,这个身份当时每个月还有 60 块钱生活补贴,但是要求毕业以后必须服从国家分配,回到小学做老师。在我们那个年代,大多数人都觉得农村人能到宁波上学,而且国家还包工作分配,甚至还能帮忙转户口就应该很满足了。我们那个时候城市户口对普通农村家庭的孩子来说,还是非常有吸引力的,因此,农村户口想转居民户口是很难的,只有通过这种方式,我才能改变自己的命运。

当时能获得居民户口固然开心,但是更让我开心的是能够有机会学习我热爱的音乐舞蹈。同时对于艺术也不仅是纯粹的喜欢,似乎更是我的一种责任和使命:我知道农村还有很多像我这样热爱艺术却没有机会学习的孩子,我唯一能做的就是不断的努力提升自己的专业能力。当时我们大部分同学都是因为喜欢音乐,或者在艺术上有一定的基础,或者是有先天条件来到了这里,大家在一起学习唱歌、钢琴、跳舞、音乐理论等专业课,三年过得非常充实。我觉得自己就像一条游鱼不断吸收着艺术海洋中的养分,向往游向更远的远方。

选择梦想,风雨兼程

时间过得很快,三年级以后,我们马上面临着毕业。当时班里只有一个保送名额,被选中的同学可以保送到浙师大的音乐系。尽管专业成绩很优秀,但我因为文化成绩一般,综合排名不突出就没选上,我们班主任肖红老师建议我自己去考。然而当我下了很大的决心去试试的时候,我的档案已经到慈溪教育局了,按照培养计划我要回到乡村工作,人事也已经把我分配到镇中心小学。为了调取档案参加考试,我主动去找当时招办的老师,老师被我的想法打动了,给我开了调取档案的审批条,当时那个招办主任人很好,他觉得以我的成绩肯定能考上,就这样我顺利的拿到了自己的档案,然后就抓紧时间报考杭师院音乐系。遗憾的是当时音乐专业报名已经结束了,我错过了报名的机会。刚好当年的舞蹈班还在招生,在全省这也是第二届的舞蹈教育本科招生,于是我换了方向去考舞蹈教育,结果顺利地考上了。

就这样我从音乐教育专业转成了舞蹈专业。本科期间,四年踏实的舞蹈专业学习让我在专业上得到了更好的提升。谁曾想到,原本一个农村的小伙子在高中以前连钢琴都没碰过,就凭着对梦想的热爱和努力,走上了自己艺术学习的道路。之后从 2005 年到 2007 年我又在中国艺术研究院读取了研究生。

不忘初心,砥砺前行

从宁波邵逸夫艺术幼儿师范学校到杭州师范大学,七年的专业学习让我成为一名专业的舞者。我是该在舞台中央享受镁光灯和掌声带给我的自豪感还是……我究竟该何去何从?我转身回头,仿佛看到了我在宁波幼师学校三年的学习生涯,看到舞蹈房和琴房里我们忙碌的身影。当初我的梦想是什么? 我只是想有一个学习艺术的机会。本来一毕业就应该成为一名小学老师的我,又有了四年学习的机会。我的初心是什么? 我应该帮助更多的孩子去实现他们的艺术梦想。在我脑海里当老师好像是一件约定俗成的事情,当时我考进幼师就是要做一名小学音乐老师,而我自己也觉得做老师挺好的,我从农村出来也没多大的背景,或者多大的社会资源关系,老师至少是个铁饭碗,在当时看来是个很不错的岗位。我从中专毕业到大学学习的专业都是舞蹈教育,我觉得这个专业毕业了就是要去当老师。而且我深知学习艺术的辛苦和汗水,所以我希望自己能更好的帮助学生们实现他们的艺术梦想。

2003 年我回到家乡,收到了李惠利中学政教主任戴文君老师的邀请,来李惠利中学面试。学校觉得我专业方面都很不错,唱歌、舞蹈、弹琴的能力都很适合教学,就这样我成为了一名高中音乐教师,在李惠利中学开始了我的执教生涯。当时我是全市第二个舞蹈教育本科毕业的老师,彼时的李惠利中学艺术中心正处在筹备阶段,条件极为简陋,至今我记忆犹新。刚入校的前五年,我住在当时艺术楼的阁楼上,没有热水、没有独立卫浴,只有一张床一把椅子。遇到寒冬腊月,我就带着学生裹着大棉袄,先绕着练功房跑上二三十圈,等身体发热才进行舞蹈训练;碰到了三伏天,衣服像水洗般湿透,每堂课下来都可见一圈圈盐花。从当初简陋的舞蹈房到现在的李惠利艺术中心的茁壮成长,以及舞蹈社团的成立。我见证了整个发展过程。放眼整个浙江省,我们舞蹈团获得的荣誉应该是最多的,从 2008 年开始到 2016 年,在每一届的浙江省舞蹈比赛中我校均获得了一等奖;而且连续在 2010 年、2013 年、2016 年三届全国中小学生音乐专业的舞蹈比赛中夺冠,我校是全省唯一的三连冠得主。同时,政府部门的比赛我们获奖也是最多的,在教育部、教育厅举办的比赛当中年年获得一等奖。除了演出的荣誉,我们舞蹈团学生的本科上线率也基本上都是100%,每年有很多学生考入全国名校。

我希望孩子们可以通过艺术的学习走向更广更宽的舞台,实现自己的艺术梦。我带过的学生中有一个令我印象深刻。这个学生的成绩到了效实中学的"三限生"分数,初中又是宁波外国语学校的,读个普高应该是大多数家长的选择,但她的父亲考虑到女儿从小学舞蹈,孩子自己有着舞蹈方面的基础和专长,成绩也不错,不想轻易放弃这些年的努力。于是这个孩子中考填志愿的时候,她爸爸直接填了李惠利中学。但孩子不能接受,也不能理解,明明自己可以进入更好的重点高中学习,而她爸爸却选择了李惠利中学。但进入李惠利中学以后,她接触了艺术教育,慢慢改变了这种看法,也开始接受了爸爸的这份安排,表现也越来越出色。高考那年,复旦大学、浙江大学、武汉大学和北京师范大学四所名校都给她送来了橄榄枝,只要高考够一本线就可以被这些名校录取。她最后高考超过一本线36分,考到复旦大学,本科是国际政治经济专业。这个孩子应该是我们整个舞蹈团当中最出类拔萃的学生之一,可以说是用舞蹈这种艺术专业突破了自己原有的瓶颈,获得了新发展。当然,作为一个艺术特长生,她正是用这种合适的方式实现了自己的名校梦。还有其他同学也都是通过艺术特长生的方式圆了自己的大学名校梦,很多学生去了厦门大学、北京师范大学、首都师范大学这些名校,通过在李惠利中学学习艺术这条路,走向了更广阔的舞台。

其实高中阶段,很多家长更看重的是学生的成才目标。如果学校教育能够在原有的基础上面给他很好的提升,对他们的人生、就业、专业都是一个非常好的机会。艺术教育的目的从来都是陶冶人的情操,或者是提升他的审美鉴赏能力,而最为关键的还是要突破原有的生活和学习的瓶颈,帮助孩子圆梦。

艺术为梦想插上翅膀

自 2004 年李惠利艺术中心成立以来，从第一届学生带到现在，培养了非常多的艺术人才，也为宁波的各行各业培养了很多专业的工作人员。在整个培养过程中，我们始终抱着对学生高度负责的态度从事每一项工作，不管是专业课，还是校内外各项文化活动，我们通过传道授业的方式潜移默化地影响每个学生，为学生的梦想插上翅膀。面对学生每个教师都有责任心和爱心，以为学生提供更大、更多的平台和更多的机会为目标，我想这就是我们学校最根本的文化底蕴。

其实艺术团在这些年教学过程中，面对学生，我们更多是一种言传身教。想想我刚来学校的时候，住的是四平方不到的房子，没有任何好的生活设施，没有洗手间，没有热水，也不能上网，只有一张床，就这样我住了五年。其实当时并没有觉得这种生活和工作很煎熬、很艰难，反而觉得跟学生们一起学习一起生活，一起流汗一起舞蹈，让我充满了激情和梦想。觉得心中抱着一种信念。对每个学生负责，把专业的东西教给他们，是每个教师的责任和义务。不管学生最后成才与否，或者他最后考的学校如何，我想作为教师都是问心无愧的。而作为学生，他能够通过老师感受到这种责任和坚持，遇到困难时就不会抱怨周围的环境，也不会因为自己某些坎坷或失误去指责他人。我们希望通过自己的行动去影响学生，让他们也能够在这样的学习环境中养成良好的学习习惯。尽我所能，将我的所有毫无保留地教给学生，让我在"桃李"芬芳中翩然起舞，讲台就是我一生最值得骄傲的舞台。

从教的 16 年中，我在成就孩子艺术梦想的同时，在学校领导和师生的帮助下，也成就了我自己。通过艺术教育，从一个普通教师成长为宁波市名师,担任宁波市青联委员、宁波市舞协的秘书长,获得诸多艺术类荣誉,实现了个人的艺术理想。

　　春去秋来,送走了一批又一批的学生,我知道每一次的分离是为了更好的遇见,遇见更好的他们,也遇见更好的自己。学高为师,身正为范,在今后的道路上我将继续在三尺讲台上舞出我的人生。

参考文献

［1］埃德加·莫兰.方法：天然之天性［M］.北京：北京大学出版社,2003.

［2］鲍传友,李鑫.从"局外人"到"局内人"：中小学教师参与"U－S"合作的角色困境及其转化［J］.教育发展研究,2019(8)：73－78.

［3］卞松泉,胡惠闵.为学生开设这样的课程［M］.上海：华东师范大学出版社,2009.

［4］波·达林.理论与战略：国际视野中的学校发展［M］.范国睿译.北京：教育科学出版社,2002.

［5］陈桂生."校训"研究［J］.宁波大学学报（教育科学版）,1998(1)：29－33.

［6］褚宏启.我们需要什么样的现代学校制度［J］.教育研究,2004(12)：32－38.

［7］褚宏启.基于校本改进的学校自我评估［J］.教育发展研究,2009(24)：47－53.

［8］褚宏启.制度为什么重要：教育法治化与学校制度建设［J］.中小学管理,2019(8)：60.

［9］崔允漷,周文叶.学校文化建设：一种专业的视角［J］.教育发展研究,2007(9)：29－33.

［10］范国睿.学校管理的理论与实务［M］.上海：华东师范大学出版社,2003.

［11］范国睿.多维视野中的学校及其变革［J］.教育发展研究,2004(10)：

37－42.

[12] 付晓秋.办学理念与理念办学[J].中小学校长,2003(9):21－22.

[13] 冯建军.学校公共生活中的制度建构[J].南京社会科学,2020(11):
132－140.

[14] 冯永刚.学校制度文化育人的价值意蕴及其实现[J].教育科学研究,
2018(5):89－92.

[15] 冯永刚.学校制度文化育人的逻辑向度[J].山东师范大学学报(社会科
学版),2020(5):135－144.

[16] 高益民.学校文化凝练[M].北京:教育科学出版社,2012.

[17] 顾明远.教育大词典(六)[M].上海:上海教育出版社,1992.

[18] 顾明远.教育大辞典[Z]上海:上海教育出版社,1998.

[19] 顾明远.论学校文化建设[J].西南大学学报(社会科学版),2006(5):
67－70.

[20] 郭元祥.论学校的办学理念[J].教育科学论坛,2006(4):5－8.

[21] 胡惠闵.校本管理[M].成都:四川教育出版社,2007.

[22] 贾长胜.学校文化的理论与实践[M].北京:新华出版社,2015.

[23] 柯政.学校变革困难的新制度主义解释[J].北京大学教育评论,2007
(1):42－54.

[24] 李金初.学校文化建设:学校发展的精神动力[J].教育研究,2004
(12):80－85.

[25] 李晶,吕立杰.环境社会学视角下学校物理环境的构建[J].教育理论与
实践,2015(34):16－20.

[26] 李龙权.生成性学校文化致远[M].上海:上海财经大学出版社,2016.

[27] 李倩玉.以育人为本的小学物质文化建设研究——基于长沙市两所小

学的个案研究[D].长沙:湖南师范大学,2017.

[28] 梁岚.对中小学物质文化建设的研究[D].呼和浩特:内蒙古师范大学,2007.

[29] 林湛.学校文化建设与品牌塑造:福州市"鼓二小"品牌塑造与学校文化建设实践探索[M].福州:福建人民出版社,2014.

[30] 刘正伟,仇建辉.学校文化建设:特色与品牌[M].济南:山东教育出版社,2010:42.

[31] 卢乃桂,张佳伟.院校协作下校本改进原因与功能探析[J].中国教育学刊,2009(1):40-43.

[32] 卢乃桂,张佳伟.校本改进中的学生参与问题研究[J].教育发展研究,2007(8):12-15.

[33] 苗存龙.创造适宜人才成长的校园物质文化[J].人才资源开发,2010(6):64-65.

[34] 彭彦琴,江波,詹艳.学校文化建设的思路与模式[J].教育科学研究,2009(12):32-35.

[35] 彭宗德.大学物质文化建设[J].黑龙江社会科学,2008(1):191-192.

[36] 沈曙虹.办学理念的内涵与结构新解[J].江苏教育,2013(39):22-25.

[37] 石鸥.学校文化学引论[M].北京:气象出版社,1995.

[38] 石中英.社团活动与社会主义核心价值观教育[J].中国教育学刊,2014(6):22-25.

[39] 司马云杰.文化价值论:关于文化建构价值意识的学说[M].陕西:陕西人民出版社,2003.

[40] 苏鸿.基础教育课程改革与学校文化重建[J].课程.教材.教法,2003

（7）：10-14.

[41] 苏霍姆林斯基.帕夫雷什中学[M]，北京：教育科学出版社,1983.

[42] 唐汉卫.关于学校文化建设的几点思考——兼论当前学校文化建设存在的问题[J].教育发展研究,2012(Z2)：84-89.

[43] 王定华.试论新形势下学校文化建设[J].教育研究,2012(1)：4-8.

[44] 王晋.学校文化的社会学审视[J].教育理论与实践,2011(28)：12-15.

[45] 王建军."新教学"：一个课程改革的故事及其启示[J].全球教育展望,2007(3)：31-36.

[46] 夏征.辞海语词分册（上）[M].上海：上海辞书出版社,1977.

[47] 项红.学校文化建设的理论与实践[M].杭州：浙江大学出版社,2010.

[48] 谢翌,丁福军.寻根、聚魂与布道：基于"听见"的学校文化建设[J].教育发展研究,2018(4)：71-78.

[49] 徐文彬,张勇.我国学校文化建设研究：成就与展望[J].当代教育与文化,2009(2)：21-27.

[50] 徐志勇.专业共生的协作伙伴：教育研究者在校本改进中的角色分析[J].教育理论与实践,2009(11)：40-43.

[51] 阎德明.现代学校管理学[M].北京：人民教育出版社,1999.

[52] 杨九俊.学校特色建设："寻找属于自己的句子"[J].教育研究,2013(10)：29-36.

[53] 杨全印.学校文化建设：组织文化的视角[D].华东师范大学,2005.

[54] 杨志成.学校文化建设的解构与建构[J].中国教育学刊,2014(5)：41-44.

[55] 叶澜.教师角色与教师发展新探[M].北京：教育科学出版社,2004.

[56] 俞国良.学校文化新论[M].长沙：湖南教育出版社,1999.

[57] 张光义.品牌学校构建与传播[M].重庆：西南师范大学出版社,2012.

[58] 张桂萍.塑造学校愿景——校长课程领导的首要任务[J].现代中小学教育,2012(3)：59－61.

[59] 张俊华.影响校本改进、提升与发展的领导文化[J].教育发展研究,2008(22)：72－76.

[60] 张爽.重新认识学校推动校本改进[J].中国教育学刊,2006(8)：26－28.

[61] 张熙.校本改进：我们该怎么走[J].人民教育,2015(8)：34－37.

[62] 张杨莉,蔡忠平.学校文化自觉与自信[M].上海：上海交通大学出版社,2014.

[63] 赵欢君,陶李刚.试析学校文化的构成及其形成机制[J].嘉兴学院学报,2001(1)：98－100.

[64] 赵中建,学校文化[M].上海：华东师范大学出版社,2004.

[65] 郑东辉,基于校训的校本课程开发个案探究[J].课程．教材．教法,2018(10)：131－136.

[66] 郑金洲.教育文化学[M].北京：人民教育出版社,2000.

[67] 中国社会科学院语言研究所.现代汉语词典[M].北京：商务印书馆,1996.

[68] 周兴国.农村校本改进问题与出路[J].中国教育学刊,2014(5)：24－27.

[69] O'Day, J. Complexity, Accountability, and School Improvement[J]. Harvard Educational Review,2002,72(3)：293－331.

后　记

　　文化是一所学校的精气神所在,承载着一所学校的价值观。学校文化建设是个系统工程,既要务实也需务虚,既要顶层设计也需文化落地,还需经历时间的检验与沉淀。

　　2016年8月,间隔十年之后,我再次回到李惠利中学,与班子成员、部分教师调研商讨后,提出了"惠利"文化这一命题。并于2017年初确立了《基于学校文化的校本改进与整理》的研究课题,带领团队开始着手思考和实践"惠利"文化的顶层设计、系统构建、载体搭建、逐项推进。历经五年的思考沉淀与探索实践,学校"惠利"文化建设已初见雏形,得到了广大师生、家长和社会各界的广泛认同,并呈现出积极的发展态势。

　　几年来,我带领团队一直致力于学校"惠利"文化的研究与整体推进,取得了一些成绩。我的文章《惠润每一位学生 利泽每一个梦想》在《德育报》上发表,主持的课题"'惠利'德育体系构建与实践"获宁波市教育科研规划课题一等奖,学校申报的"用'惠利'文化统领学校教育事业发展"获评宁波市第二届教育改革创新优秀案例。

　　五年多来,一本凝聚着众多人心血的《惠利文化与学校发展》书稿就要与大家见面了,它的诞生是众多人士关心、支持、帮助的结果。

　　感谢上级部门领导的肯定与鼓励,感谢全体惠利人的支持与配合,感谢宁波大学课程研究所所长郑东辉教授团队的鼎力相助,感谢张琳娴、徐力均、陈俊、邵吉斌、朱晓月、周丽娟、潜正堂、李宏强、乌峰杰、汤颖芳、吴婷婷、吴迪锋、朱笛等老师,包成亮、章柳妮、陈齐悦、黄佳慧、汪婧雯、周姣钧、罗宁、吴柳桦、李子恒、孙伊瑾、王倩盈、朱元乾、麻心怡、谢雨琦、吴竞文、陶蕙、竹源、谢宇宁等同学积极参与"惠利文化故事"板块的撰写。

感谢我的老领导、兄长张曦先生为此书写了序，感谢浦晖老师、杨志丹老师、李巧云老师、康剑娜老师、杨红苗副校长对此书进行了审稿。

书稿能顺利出版，还离不开华东师范大学出版社彭呈军编辑等的热忱指导，在此一并感谢。

刘伟龙

2022 年 1 月